大展好書 好書大展

大展好書 好書大展

命理與預言⑫

簡明四柱推命學

呂昌釧/編著

操縱您的
宿命之星
爲何?!

大展出版社有限公司
DAH-JAAN PUBLISHING CO. LTD.

《占卜的帝王學》

簡明四柱推命學

四柱推命學的準確性很高，但一般人認爲它太深奧難懂，以致沒被普遍傳開來。

本書盡量排除艱澀難懂之處，俾使讀者不必經過繁雜的計算，十分鐘就可以由命運公式中，很準確的知道自己的命運。

就算生時不甚明確，只要看本書，就能對命運一目瞭然

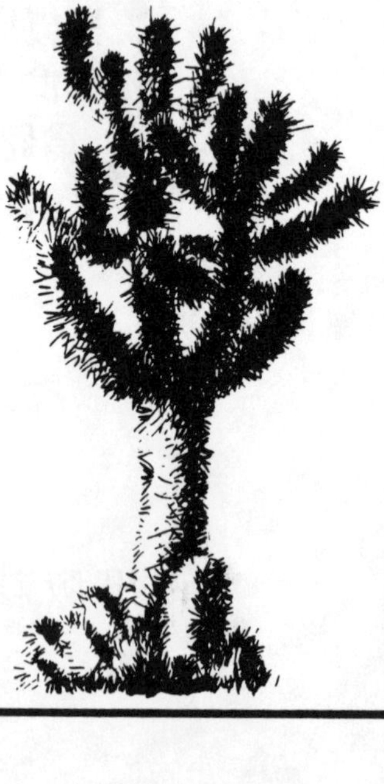

序　言

四柱推命學號稱占卜的帝王，乃是歷史甚為悠久的一種占卜。其歷史可遠溯到中國的戰國時代（紀元前四世紀——二世紀），不過，到了明朝方才演變成今日的形態。據說，徐公升這個人就是四柱推命學中興的始祖。

所謂的占卜也者，除了姓名吉凶判斷、演易、面相、手相、九曜占星術等的東方式占卜之外，還有西洋占星術等的歐式占卜，種類繁多，不勝枚舉。

在這裏面，唯獨有四柱推命學號稱為「帝王」，理由是中國歷代的皇帝很重視它，而且，它又有令人驚異的準確性之故。那麼，何以具有那麼高的準確性呢？

所謂的四柱推命學，就是根據一個人出生的「年」「月」「日」「時」的四大柱推算命運的學問，在五十一萬八千四百人中，始能碰到一個跟自己相同命運的人，由此可見，能夠精確下判斷的一般。

四柱推命學的準確性雖然很高，但是一般人認為它深奧難懂，以致到目前為止，還沒有普遍的被傳開來。尤其是列出命運推理基礎的「年」「月」「日」「時」

的公式，可說是一項很艱難的作業，一向是由占卜的專家一手包辦。

我在寫這本書時，盡量排除艱澀難懂的地方，俾使讀者不必經過繁雜的作業，就可以很準確的知道自己的命運。這本書卷末所附帶的四柱速見表即是一例，使讀者不必經過複雜的計算，即可寫出自己的命運公式。我認識的一名女學生，在毫無預備的情況下，僅歷十分鐘就列出了自己的命運公式。

在四柱推命學裏面，有十個決定人類命運的宿命星。它們是「比肩」、「刼財」、「食神」、「傷官」、「偏財」、「正財」、「偏官」、「正官」、「偏印」以及「印綬」。每一顆星的作用與性格都有特徵。

例如：「比肩」是獨立與自尊之星，「刼財」為倔强與固執之星，「食神」為快樂與口福之星，「傷官」為喜歡突破與聰明之星，「偏財」為趣味廣泛多才之星，「正財」為踏實與正直之星，「偏官」是代表野性與頭腦之星，「正官」為代表信用與溫文爾雅之星，「偏印」是表示鬥志與表達，「印綬」則是學問與名譽之星。

一個人的命運公式裏，總共有七個席位讓十個宿命星鎮坐着，某種的宿命星，以某種的組合坐鎮在七個席位，將左右到一個人的命運。

只要應用四柱推命學，你就可以立刻知曉自己本身，以及你想要知道的某人之性格、職業、戀愛結婚、財產、以及健康運等。

一提起四柱推命學，或許有人會認為：不知道生辰時刻是無濟於事的。其實，你不必為這一點煩惱。雖然只知道生年、生月、生日的三柱，亦可以判斷一個人的命運（當然沒有四柱齊備的準確）。倒是以「好像生於某個時辰」等的大概時間推算的話，往往會產生偏差。

由這種占卜方式獲知命運良好的人，用不着沾沾自喜，反過來說，就算獲得了惡劣命運的暗示，亦不必自怨自艾。這些不過是上蒼賦予我們的人生航路的信號罷了。你不妨充分的準備，俾在事前避開危險。

俗語說「命隨心改」，多行善，端正自心，如此就不難化險為夷。反過來說，不管占卜顯示命運有多好，「玉不琢也不成器」的。假如心術不正，作惡多端的話，不但「好命運」會化為烏有，甚至會應「自作孽不可活」那一句話。與其安於「好命運」而過着無為的人生，不如不停的精進努力，俾使惡劣的命運逆轉過來，我曾經目睹很多如此獲得成功的例子。我希望大家以這本書為參考，開闢出一條大好的前程。

做爲衡量自己可能性的指針

作家　森村誠一

推理小說的讀者有兩種，一種是驅使非論理性的靈感，猜測兇手是誰？另外一種則是充分利用作者所設下的線索，以科學性的論理，推舉出兇手。

其實，後者才是推理小說的正確讀法，而且，亦能夠增加閱讀的樂趣。

關於人類的生活方面，如果對自己的命運，擁有預備知識的話，那就能夠比較安於命運，對於得意、失意方面也不致於看得很嚴重。

根據這本書的說法，我本人具有偏財—正財的兩個星，意味着能脚踏兩隻船而獲得成功。既然如此，今後，我就要在本行及社會兩分野大肆活動。

讀者不妨把這本書當成衡量自己可能性的指針，積極地加以利用。

四柱推命是何種的占卜？

四柱推命學號稱為占卜的帝王，乃是一種以驚異的準確性著名的古老占卜。方法是：以一個人的生年、生月、生日，以及生時四大柱，排列出操縱命運的十個星。這十個星各有不同的特徵。

☆比肩＝獨立與自尊之星。
☆刼財＝倔強與固執之星。
☆食神＝快樂與口福之星。
☆傷官＝喜歡突破與聰明之星。
☆偏財＝趣味廣泛多才之星。
☆正財＝踏實與正直之星。
☆偏官＝野性與頭腦之星。
☆正官＝信用與溫文儒雅之星
☆偏印＝闖志與表達之星。
☆印綬＝學問與名譽之星。

只要憑着這十個星，你就可以對自己，以及你想知道的人之性格、職業、戀愛、結婚、財產，以及健康運等一目了然。就算是生時不甚明確，只要看這本書，就能夠對命運一目了然。你就趕快把它翻開來看吧！

目錄

目　錄

序章——四柱推命是屬於那一種的占卜？

四柱推命乃是占卜的帝王

那是我還在舊制中學攻讀的時期。由於受到了讚美歌以及獨特氣氛的吸引，每逢星期天我都會情不自禁的到教會，牧師也趁機勸我受洗。

我傾倒於基督教的文化與教養之下。然而，一旦要我信仰神的存在，我就感覺到有一點不以為然了。

有一天，我終於對牧師這樣說：「如果科學能證明神的存在，我就肯相信」牧師感覺到苦惱而苦笑了起來，於是入教的事擱置下來了，我就逐漸的遠離教會。

經過了約十年以後，我才感覺到自己的話有了矛盾。如果科學能夠證明神的存在，那就不是所謂的「信仰」，而變成了所謂的「知曉」。例如我們相信一位朋友時，並不見得要確認或證明他是那一種人，對我們有什麼感想之後才去相信他。

坦白的說，我們不知這位朋友的一切，只是相信跟他交往並不壞，就這樣跟他攀起交情來。

就是憑理性與智力無法知曉才會產生信仰。我連信仰與知曉都不能區別，竟敢揚揚得意的對牧師說「如果科學能證明有神存在，我就信仰基督教」這也難怪他會感覺到不知所措。

這之後忽忽過了幾十個寒暑，雖然我沒有信仰基督等特定之神，然而，我却是透過四柱推命，堅信有掌管命運之神的存在。

所謂的四柱推命也者，乃是四大柱（八字）推算命運的占卜法。這裏所指的四大柱，也就是指生年、生月、生日，以及生時。

自從往昔以來，這種四柱推命就被稱之爲「占卜的帝王」，以絕對的準確率著稱，實在是叫人感到驚異的占卜。

很多人知道四柱推命乃是流傳於中國的古老占卜法，然而，它的起源是不甚明確的。我個人認爲它的發生跟統計學的領域不無關係。

因爲我女兒的生年，就有一個四柱推命學稱之爲「魁罡」的星，這顆星具有強大的力量，暗示著文武雙方皆優秀，就因爲如此，對女孩子來說，可能是太頑強了一點。

我女兒進入幼稚園，以及踏進小學讀書時，級任老師都異口同聲的說「今年的孩子們好像比較難以接近，跟往年的情形不大相同」。

這也難怪，既然是同年級的學生，幾乎全是同一年出生的，換句話說，每一個學生都有「魁罡」這一顆星，難怪老師們會感覺到納悶，我暗暗的點頭領會。

或許諸如此類的事情也在古代的中國發生過吧？首先，在同一年生的人當中發現了某種的共通點，接著，又在同月出生的人當中發現了相似之點，集合此類的感觸分析途中，逐漸的產生了一定的法則，如此的想像並沒有不自然的地方。

而且，當研究者獲知，此種法則在逐漸凝固的過程中，與中國曆法根底的陰陽五行哲理脗合時，他們的驚訝究竟到什麼程度呢？

木火土金水的秘密

雖然提起了哲學理念等深奧的字眼，然而，它並非限於學者所研究者。其實，它就是透過曆法，與生活發生密切關係的陰陽五行。這也正是探知造物者安排的一個手段。

這個五行之間的關係，有一種特別的結構。那就是以自己為中心，跟「鄰居」是相輔相助，而跟隔一席的「鄰居」則是處於互相抑制的狀態。

把這種關係繪成圖的話，即可成為如下的情形。

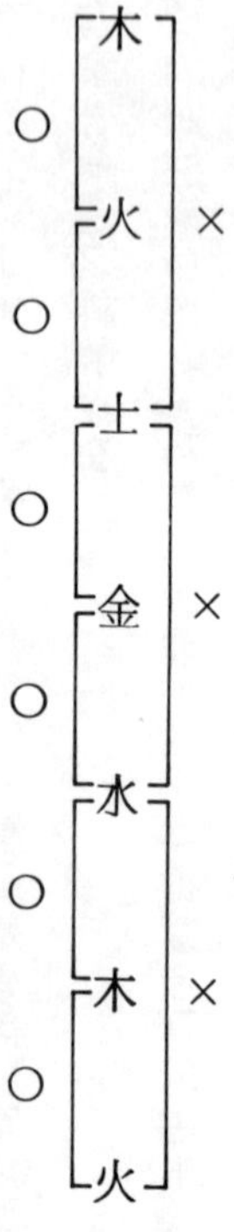

譬如以水爲例，水是由金所產生，並由金賦予力量，反過來水再生木，培育木的長成。這就是比鄰的金與木的關係。然而，相隔一席的土却能夠抑制地下的水，另一方面，相隔一席的火却反過來受到水的抑制，抵消火本身的功能，諸如這般處於對立的關係。

依照五行的順序來說，木能夠助長火勢，火能固土，土能生金，金能生水，而水能夠助長木的成長。比鄰的五行能相助相輔，而隔開一席的五行却成了寃家，互相仇視。所謂的五行，又可分爲陰陽。五行之陽性稱爲兄，陰性稱爲弟，一共有：木兄、木弟、水兄、水弟、土兄、土弟、金兄、金弟、水兄、水弟等十個。這也就是十個天干，各寫成甲乙、丙丁、戊己、庚辛、壬癸，由此就不難獲知它們具有木、火、土、金與水的陰陽之意義。

提出了有關五行所表示的意義之後，我還要附帶地說明五行所具有的要素。

木＝東方	春	早晨	生	青色	仁
火＝南方	夏	中午	旺	紅色	禮
土＝————			鈍	黃色	信
金＝西方	秋	黃昏	殺	白色	義
水＝北方	冬	夜晚	死	黑色	智

往昔，建築於中國內地的帝王陵墓四壁，都分別塗抹著壁面朝向的方向之顏色，即是分別以

青、紅、白、黑的四種顏色塗抹，其方角的順序，亦就是麻將的東南西北的順序，無論是在季節、時刻、顏色、情勢方面，皆顯示出了中國人的智慧，引發出了人們好奇而欲更進一步探求的心理。

以四柱推命學來說，立春日卽等於元旦。嚴格的說，立春的那一天，正是從入節的時刻進入新年。其前夜也就是劃開節與節的「季節變換期」。在這一天，日本人喜歡撒豆嚷叫「鬼往外，福往內」，驅逐舊年的惡運，祈求新年帶來福氣。

操縱命運的十顆星

以四柱推命來說，在列出自己的命運方程式之時，必需在年柱、月柱、日柱以及時柱，應著自己的生年月日時（不知道生時者，單憑生年月日亦可占算命運）各項入三個漢字。例如「庚寅丙」或者「己卯甲」等，在「庚寅丙」裏，上下的兩個文字表示「金兄」與「火兄」。而中間的「寅」，正是大家所熟悉的十二地支，也就是指：子、丑、寅、卯、辰、巳、午、未、申、酉、戌、亥。

上與下塡入十干，中央書寫十二支的文字，如此三個字成爲一組，並排於年柱、月柱、日柱以及時柱，然後以其組合的型態決定操縱命運之星，這就是所謂的四柱推命。

在四柱推命學方面，操縱人類命運的宿命星有：比肩、劫財、食神、傷官、偏財、正財、偏官、正官、偏印，以及印綬十個。在一個人的四柱中，宿命星鎮座的席位則有七個。

在這七個席位上，如果各種宿命星能夠平衡的鎮坐看，那是最理想不過了。然而，事實上不一定會如此。有時相同的星重疊著好幾個，好不容易有吉星臨座，但卻有了抵消它的強大宿命星。

反過來說，雖然有凶星入座。然而，憑著宿命星之間的組合，亦會變成帶來幸運的吉星。人類的命運，就是由這七個宿命星，換言之，也就是由七位神祇互助相輔，互相影響之下造成的。

命運與時刻表

以前，我曾經在廣播電台談論過四柱推命。那時，我談話對象的女播音員，以半信半疑的口胳說「單憑生年月日，爲何能洞悉一個人的命運呢？」

每當我談起四柱推命，不少人都會抱持著相同的疑問。於是，每逢說明四柱推命時，我都會不厭其煩的打一個比喻。我認爲所謂的四柱（一個人的生年、生月、生日、生時），有點類似列車的開車時刻。

例如：上午七點鐘「莒光」號開出台北站，緊接著七點零四分又有「復興」號開出台北站。「莒光」號一直開到高雄，而「復興」號却只開到台南市。以車速來說，「莒光」快速許多倍，但是「復興」却可以停留於「莒光」不能停留的車站。

說穿了，人的一生就跟列車時刻表相同，每一個人都有一定的路線與目的地。到底要走那一條路，以何種速度抵達某處呢？關於這一點，人的生年月日時，恰等於列車的發車時刻。

我本身在舊制中學四、五年級時，曾經到街頭的算命攤去看手相。相師告訴我說，我將從事自己感到興趣的工作，一生免不了波濤起伏。

我最大的希望是從事外國文學的翻譯，並把它們介紹給國內的讀者。然而，一直從商的家父却積心處慮的要把我塑造成商人。

到了這種地步，我只好把相師的話告訴父親，想不到他却以「江湖相術士之言怎可置信！」回敬了我。

但是，經過了幾番迂迴曲折之路，我現在以外國文學的翻譯介紹爲主要的工作。我父親和周圍的人想盡辦法，企圖把我塑造成商人，或者薪水階級，結果呢？他們都宣告失敗了。

本來，我的命運是擔任學者、文人、自由業等的「偏業」。因此，家父等雖然千方百計的想把我塑造成商人，或者正規的受薪人員，但是到頭來還是徒勞無功。

我一旦跟人交往，就會死心塌地的相信對方，到頭來不是受騙，就是被人出賣。是故，假如我從事非討價還價不可的商業的話，早就把店鋪弄垮了。

自從研究四柱推命以後，我才知道自己有一顆「隔角」的星。這顆星暗示著對人關係方面會遭受失敗，我眞慶幸自己沒有步入危險的道路。

獲知你的支配星

一旦相信有某種絕對者支配宇宙、大自然以及人類，以及冥冥中有一隻手在支配人生的話，大家就會迫不及待的想知道其動向，這本是人之常情。爲了探知其動向，自上古以來，人類就創造出了各種的方法。例如：種種的宗教性儀式、易卦、面相、手相等的中國式占卜，以及西洋占星術等就是最明顯的例子。這些都是在漫長歷史過程中，屢次被淘汰而遺留下來者。是故，每一種皆被認爲有存在的價値。

只是，由於此絕對者的範圍過於巨大，每一種占卜都很難以捕捉整體，使人倍覺遺憾。這恰有如蒙起眼睛，觸摸大象本身各部位，而討論「這到底是什麼生物」一般，實在很難以捕捉命運的神秘實體。

不過，四柱推命除了令人感到驚異的高度準確性之外，還具有一種能緊迫命運實體的特徵，這與所謂「八卦時準，時而不準」的占卜方式，有著根本上的不同。

有一句話「認淸自己」，這乃是往昔以來的聖賢留給後世的名言，亦是人生的指揮。只要熟習四柱推命，就可以獲知自己被何種星所支配？是名譽之星？財物之星……知惠之星？抑或是才能之星。不必說他人，就是你本身也察覺不到的另一面自我亦將浮現出來，自然也就能夠客觀的掌握本身的運勢、性格、適性、缺點以及長處等。

當然啦，由四柱推命所算出的命運，並不能百分之百的擺佈我們。在那些由我實際推算四柱的人當中，有一些雖擁有極好的命運式，但却是很難以發揮出力量。反過來說，有一些人儘管背著衰運，但却靠著無休止的努力，很成功的打開一條路。這正應了「玉不琢不成器」那一句話。

根據各人的四柱所推算出來的人生態勢，具有陰暗運勢的人，必會做最大的努力，一心一意的使自己遠離危險，再把陰的運勢轉化爲陽，而強運勢的持有者，最好積極的使吉星發揮更大的力量，不斷的磨練自己。

很多人在閱讀這種占卜書籍時，總喜歡挑跟自己有關係的部分看看，其實，在四柱推命裏，在命運式登場的星，相互間都有密切的關係。對於一個星的作用，必需在瞭解其他九個星的作用之後，始能夠很正確的掌握，爲了獲知正確的全貌，我奉勸大家把整本讀完。假如你閱讀這一本四柱推命學後感覺到興趣盎然，不妨進一步閱讀具有更祥細內容的書本。

言歸正傳，現在你可以排出自己的命運公式，以及你想知道的某人之命運公式。

命運公式的作法

你所要作的命運公式

時柱	日柱	月柱	年柱	
				上段 中段 下段
				宿命星
		（中心星）		
				十二運
				吉凶星

(1)排出四柱的方法

Ⓐ排出年柱與月柱

首先，你必需排出暗示一生命運的所謂「命運公式」。

請你打開這本書卷末的生年之頁。當然，你只要看自己生年的那一頁就行了。每一頁都區分爲一月到十二月的生月，你只要選自己生月瞧瞧就行了。

每一個月都有年柱、月柱、日柱三個欄，被列出於其橫面者，乃是成爲你命運公式的年柱、月柱以及日柱（參照一八一頁的速見表）。

例如：A小姐是一九五六年二月五日出生。那麼，只要翻到一九五六年那一頁，察看二月那一欄，就可以列出丙申己的年柱，以及庚寅戊的月柱。

年柱↓丙　申　己

月柱↓庚　寅　戊

這就是A小姐的年柱與月柱。巳與己、戊與戌、申與甲的字形很像。因此，當你察看自己以及他人的命運公式時，千萬別弄錯了。

Ⓑ排出日柱

接著要查看日柱了，二月的日柱欄只記載著㉞的數字。這個㉞的數字，可以說是這本書專利的魔術號碼。因此數字加上自己生日的數字，再翻到四十五頁的日柱表就可以找到了。換句話說，魔術號碼㉞而在一日誕生的話，只要把三十四加一，再察看四十五頁的日柱表，就可以排出日柱了。至於魔術號碼㊵，而生日爲三十一日的人，合計起來就有七十一了，關於這種情形可以如此做——六十以上數字，只要憑餘數去察看就可以。例如七十一的時候，可以察看十一那一欄。以二月五日出生的A小姐來說，在魔術號碼㉞加五之後就變成三十九，即可排出「壬寅甲」的日柱。到此，A小姐的年柱、月柱、日柱都可以排出來了。

年柱	丙	申	己
月柱	庚	寅	戊
日柱	壬	寅	甲

右邊就是A小姐的年柱、月柱、日柱。

通常，我們都認爲一天是從凌晨零時到午後的十二點爲止。不過在四柱推命的領域裏，一天是從前夜的十一點到今夜的十一點，總共亦是二十四小時。因此，儘管是同樣在三月五日出生，超過了夜晚的十一點，就非改爲二月六日不可了。關於這一點，務請特別注意。

日柱速見表的最下面有「空亡」欄，例如：日柱爲「甲午丁」的人，「辰巳」就是空亡，請記明於命運公式的橫面。「空亡」表示歸於虛無，也就是具有「負」的作用。反過來說，亦有解消凶惡暗示的作用。

Ⓒ排出時柱

命運公式的最後一柱爲時柱。時柱暗示一生的晚年，也就是暗示一個人的歸宿。欲列出時柱，非明確知道生時是不可的。大致上說來，出生證明書都明記著時間，然而叫人感覺到遺憾的是，當今的年輕人幾乎全不知道自己的生時。生時不明確的人，不要列出時柱也可以。假如以「好像是幾點左右……」等大約的時間列出時柱的話，命運公式反而會產生偏差。

如果你是在進入節氣那一天出生，而出生時刻並不明確的話，你不妨當作已經進入了新節氣，以此推算。

關於時柱，可由四十六頁「時柱速見表」查得。只要看看你日柱上段的文字，就可以藉此輕而易舉的獲得。例如：日柱上段文字爲「壬」的人，只要察看「丁、壬」這一欄就可。A小姐爲午後零時出生，只要看看午前十一點到午後一點之間，即可列出「丙午丁」的時柱。

到此，A小姐的四柱都齊全了。

年柱　丙　申　己
月柱　庚　寅　戊
日柱　壬　寅　甲
時柱　丙　午　丁

(2)宿命星的列出法

到此，你就可以把左右命運公式的宿命星列出來。所謂的宿命星有：比肩、刼財、食神、傷官、偏財、正財、偏官、正官、偏印、印綬等十種。關於自己四柱的宿命星是什麼？可以參照宿命星速見表列出來。然而應該如何去找出來呢？

欲找出宿命星，必需以自己日柱上段文字爲中心（例如：以壬寅甲爲日柱的A小姐，必需以

宿命星速見表

宿命星＼日柱上段	甲	乙	丙	丁	戊	己	庚	辛	壬	癸
比肩	甲	乙	丙	丁	戊	己	庚	辛	壬	癸
劫財	乙	甲	丁	丙	己	戊	辛	庚	癸	壬
食神	丙	丁	戊	己	庚	辛	壬	癸	甲	乙
傷官	丁	丙	己	戊	辛	庚	癸	壬	乙	甲
偏財	戊	己	庚	辛	壬	癸	甲	乙	丙	丁
正財	己	戊	辛	庚	癸	壬	乙	甲	丁	丙
偏官	庚	辛	壬	癸	甲	乙	丙	丁	戊	己
正官	辛	庚	癸	壬	乙	甲	丁	丙	己	戊
偏印	壬	癸	甲	乙	丙	丁	戊	己	庚	辛
印綬	癸	壬	乙	甲	丁	丙	己	戊	辛	庚

「壬」爲中心），以它跟命運公式的「甲乙丙丁戊己庚辛壬癸」的十天干對照，如此就可以列出來了。

爲使讀者更容易瞭解，我要更詳細的解釋。

年柱	㊛丙	**申**	㊛己
月柱	㊛庚	**寅**	㊛戊
日柱	[壬]	**寅**	㊛甲
時柱	㊛丙	**午**	㊛丁

右邊是A小姐的命運公式，爲了找出宿命星，我們必需以日柱天干的「壬」爲中心，憑二十八頁的「宿命星速見表」，把附有圓圈的文字跟「壬」的關係，全部找了出來。它們的關係有如左示：

壬→丙＝偏財
壬→己＝正官
壬→庚＝偏印
壬→戊＝偏官
壬→甲＝食神
壬→丙＝偏財
壬→丁＝正財

年柱	月柱	日柱	時柱
偏財	偏印		偏財
正官	偏官（中心星）	食神	正財

這時，成爲中心的「壬」，我們不必去看它跟本身是什麼關係。是故，被列入日柱的宿命星只有一種。

到此，你的宿命星已經全部到齊了。或許有一些沉不住氣的人，正迫不及待的想獲知自己的命運吧？事實上，單單列出宿命星還不算完全，不過爲了一些迫不及待的想看結論的人，我要說明憑此種程度的命運公式，判斷自己運勢的方法。

這是很簡單的一件事。請你看看自己命運公式的月柱。月柱兩個宿命星之中，處下位者卽是所謂的中心星，也就是象徵你自己的星。

翻到後頁找尋這個中心星，將評論文章閱讀以後，你就可以大致的捕捉到自己人生、性格、

十二運速見表

十二運＼日柱上段	甲	乙	丙	丁	戊	己	庚	辛	壬	癸
長生	亥	午	寅	酉	寅	酉	巳	子	申	卯
沐浴	子	巳	卯	申	卯	申	午	亥	酉	寅
冠帶	丑	辰	辰	未	辰	未	未	戌	戌	丑
建祿	寅	卯	巳	午	巳	午	申	酉	亥	子
帝旺	卯	寅	午	巳	午	巳	酉	申	子	亥
衰	辰	丑	未	辰	未	辰	戌	未	丑	戌
病	巳	子	申	卯	申	卯	亥	午	寅	酉
死	午	亥	酉	寅	酉	寅	子	巳	卯	申
墓	未	戌	戌	丑	戌	丑	丑	辰	辰	未
絕	申	酉	亥	子	亥	子	寅	卯	巳	午
胎	酉	申	子	亥	子	亥	卯	寅	午	巳
養	戌	未	丑	戌	丑	戌	辰	丑	未	辰

愛情、財產、健康的狀態。

然而，單憑這些，還是不能很充分的瞭解你的命運，是故，你必需逐一的去弄清楚所有宿命星的性格。同時，有關十二運、吉凶星等的其他要素也缺乏不得。下面，我將依照順序，詳細的說明這些要素。

(3)十二運的列出法

十二星也跟宿命星相同，必需以自己命運式日柱上段的文字爲中心而找出。

不過，這種十二運的場合，必需察看與四柱中段的十二地支的關連。現在，我要舉例說明。

年柱	丙	申	己
月柱	庚	寅	戊
日柱	㊀壬	寅	甲
時柱	丙	午	丁

這是前述A小姐的命運公式。那就應該以「壬」爲中心，憑十二運速見表，找出「壬」與申寅寅午的關係。其結果應該如下：

壬↓申‖年柱　長生
壬↓寅‖月柱　病
壬↓寅‖日柱　病
壬↓午‖時柱　胎

關於所謂運勢信號的十二運，我是無法在以後詳細的說明的。是故，只好當場說明一下。

所謂的十二運勢者，就是指長生、沐浴、冠帶、建祿、帝旺、衰、病、死、墓、絕、胎、養。我們是使用漢字的國家，不必經我詳細的說明，想必大家都能領悟到字面所含的意義。

「恭賀弄璋之喜，希望孩子長命百歲」呱呱墜地之後，沐浴滌盡母胎內的汚穢、成長、現在所謂的「成人典禮」也就等於冠帶。

接著，參加成年人的社會，賺錢養家活口，這就是建祿，再爬登到人生的顚峯，也就是帝旺。

然而，盛極必衰，顚峯之後必然走下坡，身體衰弱，輾轉於病床，迎接死亡的來臨，這是人世之常。直到被埋入了墳墓之後，就與人世斷絕。

但是，旋卽又有新生命投入母胎，在胎內被溫養著，靜待著呱呱墬地的日子。

這不是很巧妙的把生與死的輪迴思想表現出來了嗎？以四柱推命的領域來說，乃是以十二運的強弱，測定一個人運勢的強弱。現在，我們就以強弱的順序，把十二運區分開來。

強　長生、冠帶、建祿、帝旺

中　沐浴、墓、胎、養

弱　衰、病、死、絕

如果測量其他柱宿命星的力量，那就要以各柱的上段或者下段的文字，各別地看同柱的十二支，重新測出十二運比較正確。以下，我們就來看看日柱十二運所表示的意義。

長生＝多屬於長壽、溫厚而頭腦好的人，在藝術的分野會創造出很可觀的成績。但是，最好避免以自己爲中心，以身任配角或者輔佐的角色比較理想。女性的話，總是能夠過得很幸福，尤其是日柱的上中段爲丙寅，或者壬申的女性更能夠獲得人人羨慕的好運。

沐浴＝無論對於什麼事情都拿不定主意，老是會感覺到猶豫不決。自己想打開一條路來，因此，時常變換職業或住處。最大的缺點是不聽別人的忠告，容易在男女關係方面引起糾紛也是特徵之一。女性則暗示著時常要去找婦產科醫生。

冠帶＝不肯認輸，是無論什麼皆喜愛第一流的典型。而且，善於照顧兄弟朋友等。因此，自然就會顯得有權威，在社會上很受到尊敬。如果偏印、傷官、刼財等的宿命星在四柱旺盛地發生作用的話，則為了伸張自己的勢力，不惜傷害到他人。女性的話很可能獲得良緣。

建祿＝這種人不會繼承父母的工作，而喜歡自己創業。在前半生不曾辛勞的人，後半生將背負著種種的苦勞，而前半生辛勞過的人，則在中年後能夠開運。這一天生而坐擁財產的人，將使配偶的運氣阻塞，沒有財產的話，配偶將獲得長壽。

帝旺＝有著過度依仗權勢的缺點。雖然不在乎父母的遺產，喜歡自己走自己的路，勇敢的在人生大道上邁進，但是不適合於扮演商人的角色，在此圈子求發展。最好選擇不必向人低頭的工作。女性的話具有男人的豪爽，萬一跟配偶永別，亦能以未亡人的身分守節。

衰　＝性格溫順固然是優點，但是對任何事都缺乏執著心，沒有不折不撓的性格。著手於新事業，或者新的領域時，它們已經是很普遍化了。比較適合於守住既有的事業，或者古老的事業。女性的話，乍看之下似乎很溫順，然而，都是不大好侍候的居多。

病　＝這種人默默無聞的度過人生。無論是對於什麼事情都喜歡獨自的操心、焦慮。然而，並沒有耐性。多數人在年幼時罹患過大病，到了婚期，雖然婚嫁方面已經談成，仍然不會安定，往往是再婚嫁以後才可以安定下來。女性的話，到了中年期夫運容易變動，因此要趁早覺悟。

死　＝恰有如「病」並非意味著疾病，「死」也不是意味著早早就死亡。只是人雖然內向，然而，一旦鑽起了牛角尖就不會聽取別人的意見，而且，由於自尋煩惱，苦惱也就特別的多，往往會使大好機會失之交臂。以女性來說，儘管認爲「跟此人是沒有問題的，必定很圓滿」而結婚，但是，事後的夫妻關係不見得會很融洽。話雖然如此，但是每逢更換丈夫時，反而會感覺到每況愈下，因此，還是多多注意的好。

墓　＝這種人不在乎所謂的流行，穿戴得邋邋遢遢，只要是能吃的東西，不管是多麼難以下嚥的東西都拿來塡飽肚皮，而一心一意的存錢。只要是透支了十元、二十元，他就會感到心痛萬分。總之，時常爲金錢的問題感覺到鬱悶不樂。這種日柱有墓的女人，最好不要好高鶩遠，選擇跟自己門當互對的男人結婚，如此成功的機會就比較大。

絕　＝總之，此種人一生的浮沈是很激烈的，只要別人講些動聽的話，就會湊合過去，以致受騙，遭受失敗的例子很多。無論是男性、女性必須沉得住氣，勿急躁或動輒發脾氣，最好養成對什麼事都能堅忍不移的精神，如此就能夠掩蓋你的缺點。同時，對色情方面也要充分注意。

胎＝你是否時常在開玩笑時語中帶刺，使人對你有所畏懼呢？日柱有胎的人，喜歡從事別人放棄的工作，或者在別人放棄的分野奮鬪，而把事情做得極爲漂亮。幼小時很容易罹患大病，然而在中年以後都會顯得很健康。以女性來說，在人際關係方面，跟翁姑的相處不能和諧。

養＝或許是牽涉到字的關係吧？這種人的特徵是：做別人養子的機會特別多。幼小時往往會被親生母親以外的人領養，跟父母的緣分似乎比較薄。以女性的立場來說，只要是沒有其他的星騷擾，就可以認爲是一種很安泰的運。

你也把這十二運填入自己的命運公式裏。

到此爲止，A小姐的命運公式可以寫成如左。

	上段 中段 下段	宿命星		十二運	吉凶星
年柱	丙申己	偏財	正官	長生	
月柱	庚寅戊	偏印	偏官	病	
日柱	壬寅甲		食神	病	
時柱	丙午丁	偏財	正財	胎	

到了此一地步，你的命運公式已經接近完成了。請你再忍耐一點，後面還有一步路要走。

(4)吉凶星的發現

最後一步是吉凶星的發現。關於這一點，亦有ABCD的四種方式。最初的A式是：配合日柱上段的文字與四柱中段的十二支，從三十八頁的速見表找出吉凶星。

例如：A小姐日柱上段的文字是壬，在壬欄找十二支時，我們可以在表中找到月柱與日柱的「寅」，以及時柱卽「午」，它們分別爲文昌貴人、暗祿以及飛刄，你可以找它們塡入月柱、日柱、時柱下的吉凶星欄裏（有時找不出任何的吉凶星）。

其次的B式爲：配合著月柱中段的文字，以及四柱所有的文字，從三十八頁的表B找出四柱的吉凶星。（只有「注受」例外，此乃是把得自一八〇頁命宮速見表的十二支，與月柱中段相對照而獲得。）

A小姐月柱中段的文字爲寅，因此有了丙的月德貴人與丁的天德貴人。

關於第三個的C式，乃是以年與日中段的文字，以及四柱中段的文字配合三十九頁的表C，以找出吉凶星。A小姐的年柱中段爲申，看了該欄就知道月柱與日柱的寅有「血刄」與「驛馬」

的吉凶星，時柱的午為「囚獄」。

察看日柱中段文字的「寅」欄時，可察出時柱的午為「隔角」，而年柱的申為「血刃」與「驛馬」。

找吉星的最後一個步驟，乃是察看具有強烈性格的「魁罡」星，這是屬於D式，找法是最簡單不過了。

魁罡	四柱的上段中段的文字	庚辰	壬辰	戊戌	庚戌

A小姐並沒有這一個星。

根據四種吉凶星的發現法，你已經知道自己的四柱有什麼吉凶星了。為了發現吉凶星，你必需仔細的察看ABCD的四個表格。

現在，我該說明那些吉凶星的作用了。每一個星除了本身的暗示以外，還跟其他種種的要素纏繞著。因此，產生了複雜的作用。

天乙貴人＝這是最高的吉神，據說可以解化一切的凶運。然而，碰到了刑沖破害、空亡，或者弱的十二運時，它所具有的力量就會無形中消失。反過來說，有干合、支合的加入的話

吉凶星速見表 A

日柱上段＼吉凶星	天乙貴人	文昌貴人	羊刃	飛刃	暗祿	金輿祿	紅豔
甲	未丑	巳	卯	酉	亥	辰	午
乙	子申	午	辰	戌	戌	巳	申
丙	亥酉	申	午	子	申	未	寅
丁	亥酉	酉	未	丑	未	申	未
戊	未丑	申	午	子	申	未	辰
己	申子	酉	未	丑	未	申	辰
庚	未丑	亥	酉	卯	巳	戌	戌
辛	午寅	子	戌	辰	辰	亥	酉
壬	巳卯	寅	子	午	寅	丑	子
癸	巳卯	卯	丑	未	丑	寅	申

吉凶星速見表 B

月柱中段＼吉凶星	天德貴人	月德貴人	華蓋	注受
寅	丁	丙	戌	子
卯	申	甲	未	亥
辰	壬	壬	辰	戌
巳	辛	庚	丑	酉
午	亥	丙	戌	戌
未	甲	甲	未	亥
申	癸	壬	辰	子
酉	寅	庚	丑	丑
戌	丙	丙	戌	寅
亥	乙	甲	未	卯
子	巳	壬	辰	寅
丑	庚	庚	丑	丑

吉凶星速見表C

年柱中段／日柱中段　吉凶星	咸池	隔角	血刃	囚獄	刧殺	亡神	驛馬
子	酉	卯	戌	午	巳	亥	寅
丑	午	卯	酉	卯	寅	申	亥
寅	卯	午	申	子	亥	巳	申
卯	子	午	未	酉	申	寅	巳
辰	酉	午	午	午	巳	亥	寅
巳	午	酉	巳	卯	寅	申	亥
午	卯	酉	辰	子	亥	巳	申
未	子	酉	卯	酉	申	寅	巳
申	酉	子	寅	午	巳	亥	寅
酉	午	子	丑	卯	寅	申	亥
戌	卯	子	子	子	亥	巳	申
亥	子	卯	亥	酉	申	寅	巳

，將能夠充分的發揮力量。被認爲恐怖之星的魁罡，一旦跟天乙貴人同柱的話，此人就會顯得明朗而富於智性，往往會集衆人的尊敬於一身。

如果跟長生、建祿同一柱，或者跟其他柱合的話，則必定能夠獲得文學方面的成功。

文昌貴人＝這是文學的星，在學術方面揚名的機會很大。這一個星在日柱下面最佳，如果跟印綬同柱的話，則能夠在社會上獲得很崇高的地位。

羊　刃＝過度的激烈性，這也就是這個星的特性。就因爲如此往往會帶來災禍。反過來說，亦有人創下了令人意想不到的大事業。由於羊刃是一個很激烈的星，是故，命運公式本身以力弱比較好，更喜歡偏官在同一柱。如此一來，就可獲得人人羨慕的豪富與名聲。羊刃在時柱的話，更能夠發生強烈的作用。女人有兩個羊刃的話，很容易養成橫暴的性格。

飛　刃＝這一個星的力量比羊刃差了一大截，並不怎麼強烈，不過很容易沉迷於賭博，而一旦陷入就無法自拔。

暗　祿＝命運公式很暗淡的人，一旦有了這個星就可以舒一口氣。由於積有陰德，而且又靈巧，畢生沒有經濟方面的煩惱。就算碰到了災禍，在險象叢生時，亦有人會伸以援手，可說是一個很幸運的星。例如名作家立原正秋、水上勉，政治家福田赳夫等都有兩個暗祿。

金輿祿＝座上只要擁有這個星的人出現，大家都會感染到和氣安祥的氣氛。具有這個星的人，無論男或女都擁有柔和的臉孔，以及嫻雅的舉止。女性的話能夠嫁到好丈夫，同時也有幫夫命，能夠使丈夫的運勢轉好。至於男性的話，在逢到困境時往往會獲得妻子經濟方面的援助。

紅　豔＝具有這個星的人，不管男性或女性都很受歡迎，身邊老是有追逐的人。這個星也代表名氣，因此那些影歌星之流差不多都有這個紅豔星。寫文章的人有這個星的話，就一定會紅起來。

驛　馬＝有如字面所顯示一般，這乃是移動之星。暗示著當事者喜歡旅行，時常搬家，以及總是更換職業等。跟強力的十二運在同一柱的話，表示靠臨機應變，才智的運用等卽可獲得成功，假如跟弱的十二運組合的話，那只會白忙一場而沒有結果。命宮有驛馬的話，一定會離開父母的身邊。以職業方面來說，比較適合於做演員、作家、司機、以及接待客人的行業等。

天德貴人＝這兩個星互相有關係，如果有其他吉星重疊的話，始能夠發生吉星的作用。只要沒有
月德貴人　刑冲破壞，以及空亡，卽能夠抑制凶星的作用，就能夠很順利的度過一生，並且能夠享長壽。尤其是女性的場合，能夠獲得賢明有爲的丈夫，妻以夫榮，婚姻生活會很美滿。

華　蓋＝表示鑲嵌著星星的天空，是藝術方面的吉星，亦可以在宗教的分野發揮力量，多見於藝術家以及道士、僧侶的命造。同時也暗示著孤獨，由此看來，兄弟姊妹或者子女不會多，縱始有，跟他們的緣分也很淡薄。像作曲家團伊玖磨，新力公司的盛田昭夫

，作家的立原正秋，以及女流的中山千夏等人都有強力的華蓋。

咸池＝這乃是愛與性之星，不過它跟紅豔不同，乃是會以色欲敗身的典型。但是咸池（又名桃花）跟正官同柱，乃是誥封之命。女人表示婦德備全、富貴福壽，除此以外都主不吉。咸池（又名桃花）跟羊刃同柱，表示能夠在學問藝術等方面揚名。但是，仍然有男女關係纏綿不斷，往往會因此受到傷害。

不過，由於喜歡逞英雄，就算受到了愛與性的連累，仍然會拚命的使自己成名，這正是這個星的特徵。這種人鬧單戀的情形也特別多，天下的美男美女幾乎都有這一個星，這實在是不可思議的一件事。咸池忌諱刑合，如果碰到空亡的話，或許可以產生多少的偏差，同時也可以避免色欲方面的失敗。

隔角＝容易受到別人的誤解，也動輒會被投以輕蔑的眼光。是故，最好少出風頭，也不要多管別人的閑事。

血刃＝就有如字面所顯示一般，從刺客的刀刃到手術刀，甚至對能夠見血的凶器，都要特別的注意。現代能跑的凶器是車輛。是故，有兩、三個血刃的人，最好勿自己駕車。

囚獄＝就有如字面所顯示一般，有時跟犯罪是有關連的，即使警察有這個星也不會叫人感覺到意外。像在小說的世界裏，安排了種種犯罪行為的松本清張，以及「四疊半」事件的野板昭如，都各有兩個囚獄。事實上，「囚獄」是指發生了某種的不幸，因此，必需隱居，或者陷入不亂動彈的狀態。像知名度很高，必需避開大衆視線的影歌星也有這種星。

劫殺＝這是一個很強烈的星。如果跟吉星在同柱的話，頭腦一定是比衆人好，能夠在事業方面獲得成功，如果是碰到凶星的話，徒有自信，而對人總是冷冷冰冰的。假如跟十二運的建祿在一起的話，則一定很喜歡喝酒。像富有個性的山田五十鈴、黛敏郎、張本勳等人都有刼殺這個星。

亡神＝跟吉星同柱的話，就不會輕易的對某事引起動搖之心，很重視名節，而且能夠徹頭徹尾的保守秘密。反過來說，如果跟凶星同柱的話，則會沈溺於妄想裏，會養成一種待人薄情的性格。

魁罡＝無論是吉凶都會走極端。嚴肅、聰明，無論是在學術、運動方面都比一般人強幾倍。但是，傍若無人的性格也會強烈的被表現了出來。具有這個魁罡的女人多數屬於美女，然而就是由於長得美，越易被強烈的命運所制壓。如果是男性的話，則可期待有異乎尋常的發展。

精於一種技藝的人差不多都有此星。

注　受＝這個星可以解消所有凶星。幸福的暗示很強，就算是陷入絕地，亦可以受到他人的解救，跟暗祿相同。

到此，你只要塡入這些吉凶星，命運公式就算完成了。下面，我列出了A小姐的命運公式，請大家也各自把命運公式確定一下。

一九五六年二月五日午後零時出生

年柱	丙	申	己	偏財	正官	長生	月德貴人、血刄、驛馬
月柱	庚	寅	戊	偏印	偏官	病	文昌貴人、暗祿、血刄、驛馬
日柱	壬	寅	甲	——	食神	病	文昌貴人、暗祿、血刄、驛馬
時柱	丙	午	丁	偏財	正財	胎	月德貴人、天德貴人、隔角、囚獄、飛刄

寫完了以後，就可以進入命運的判斷了，這種判斷的順序爲：①翻開月柱中心星那一頁閱讀。②打開命運公式所包含的所有宿命星之頁看看。③看看各柱宿命星的組合。④探討各柱宿命星與十二運的關係。

你的本質雖然顯示於中心星。然而，散布於命運公式的其他宿命星，亦會以某種的形態影響到你的命運。在這種場合之下，卽使有了跟中心星相反的暗示，亦不必大驚小怪。人類的性格本來就夠複雜的，潛在於兩面也不算稀奇。

日柱速見表

① 甲子癸	⑪ 甲戌戊	㉑ 甲申庚	㉛ 甲午丁	㊶ 甲辰戊	(51) 甲寅甲
② 乙丑己	⑫ 乙亥壬	㉒ 乙酉辛	㉜ 乙未己	㊷ 乙巳丙	(52) 乙卯乙
③ 丙寅甲	⑬ 丙子癸	㉓ 丙戌戊	㉝ 丙申庚	㊸ 丙午丁	(53) 丙辰戊
④ 丁卯乙	⑭ 丁丑己	㉔ 丁亥壬	㉞ 丁酉辛	㊹ 丁未己	(54) 丁巳丙
⑤ 戊辰戊	⑮ 戊寅甲	㉕ 戊子庚	㉟ 戊戌戊	㊺ 戊申庚	(55) 戊午丁
⑥ 己巳丙	⑯ 己卯乙	㉖ 己丑己	㊱ 己亥壬	㊻ 己酉辛	(56) 己未己
⑦ 庚午丁	⑰ 庚辰戊	㉗ 庚寅甲	㊲ 庚子癸	㊼ 庚戌戊	(57) 庚申庚
⑧ 辛未己	⑱ 辛巳丙	㉘ 辛卯乙	㊳ 辛丑己	㊽ 辛亥壬	(58) 辛酉辛
⑨ 壬申庚	⑲ 壬午丁	㉙ 壬辰戊	㊴ 壬寅甲	㊾ 壬子癸	(59) 壬戌戊
⑩ 癸酉辛	⑳ 癸未己	㉚ 癸巳丙	㊵ 癸卯乙	㊿ 癸丑己	(60) 癸亥壬
空亡 戌亥	申酉	午未	辰巳	寅卯	子丑

時柱速見表

癸　戊	壬　丁	辛　丙	庚　乙	己　甲	日柱上段 / 生辰時間
壬子癸	庚子癸	戊子癸	丙子癸	甲子癸	午後11時 ↓
癸丑己	辛丑己	己丑己	丁丑己	乙丑己	午前 1時 ↓
甲寅甲	壬寅甲	庚寅甲	戊寅甲	丙寅甲	午前 3時 ↓
乙卯乙	癸卯乙	辛卯乙	己卯乙	丁卯乙	午前 5時 ↓
丙辰戊	甲辰戊	壬辰戊	庚辰戊	戊辰戊	午前 7時 ↓
丁巳丙	乙巳丙	癸巳丙	辛巳丙	己巳丙	午前 9時 ↓
戊午丁	丙午丁	甲午丁	壬午丁	庚午丁	午前11時 ↓
己未己	丁未己	乙未己	癸未己	辛未己	午後 1時 ↓
庚申庚	戊申庚	丙申庚	甲申庚	壬申庚	午後 3時 ↓
辛酉辛	己酉辛	丁酉辛	乙酉辛	癸酉辛	午後 5時 ↓
壬戌戊	庚戌戊	戊戌戊	丙戌戊	甲戌戊	午後 7時 ↓
癸亥壬	辛亥壬	己亥壬	丁亥壬	乙亥壬	午後 9時 ↓

在四柱裏面，年柱表示本人的生涯，以及祖先、尊長的狀態，月柱表示三十五歲到六十歲的壯年期與兄弟姊妹、友朋的關係，日柱表示十五歲左右到三十五歲左右的青少年時期與配偶，時柱則表示誕生到十五歲之間的幼年期，以及六十歲以後的晚年期，子孫以及目前的狀態，尤其是時柱乃暗示著本人的健康運以及金錢運。

本文中屢次出現了干合、支合、刑、冲、破、害等的信號星，關於這種信號星的看法，卷末附帶的提示了出來。因此，當宿命星的組合時出現了這種信號的話，只要同時調查信號星，命運的判斷就會更趨於完善。

命運公式的排法

①排出年柱、月柱↓參考第一八一頁速見的例子，再察看卷末生年之頁。實際的出生日與戶籍上的出生日不同時，要看實際出生日那一欄。

②排出日柱↓卷末生年之頁的日柱欄數字加上出生日的數字，在第四十五頁的日柱速見表察看該數字的地方。例日柱欄的數字爲⑤，誕生日爲六日的人↓11。月柱欄的數字爲㊸，誕生日爲28日的人↓73……不過60以上的數字，必需減掉60，也就是73－60，等於13。

③排出時柱↓察看四十六頁。不過，生時不明確的話，不必勉強的排出，不妨以年柱、月柱、日柱占測。

④列出宿命星↓看第二十八頁。

⑤列出十二運↓看第三十頁。

⑥列出吉凶星↓看第三十八頁。

吉凶星可使用ABCD四式列出。這時，不一定所有的欄都有吉凶星，有些欄會呈現空白。

1 比肩——獨立與自尊之星

比肩具有何種的基本運呢？

「比肩」這一句話的意義是「肩並肩」「並肩走路」「處於相同的地位」。就是因爲如此，想跟別人肩並肩（不落後之意）的意欲非常的強烈。以致我行我素，凡事都以自己爲本位，很難於跟別人協調。以男性來說，只要能夠活用不屈不撓的性格與獨立心，就不難發展一番事業。

不過，這個星暗示著：接受兄弟、朋友、同事的協力以及提拔始能達到目的，這原是一件再好不過的事。

如此看來，一方面具有傍若無人的態度，另一方面又能夠充分利用他人的協助，因此，難免有人會罵你「只顧自己」、「機會主義者」。

比肩也有強烈的養子之暗示。例如：比肩在年柱、月柱的話，很可能會做別人的養子，時柱有比肩的話，將來你的繼承人一定是養子。

比肩這個星，如果是把它看成兄弟多的話，你的助手也就會無形中增多，若把它看成是獨立的話，那麼，你就要離開本家做別人的養子，或者跟兄弟分家獨立。

如果四柱裏的比肩多，或者有助長此星的印綬、偏印的話，那麼隱藏的凶暴性就會暴露了出

1 比　　肩

比肩是獨立自尊之星

來。強烈的個性無法抑制的結果，人際關係方面不能顯得圓滑，對立與爭端會不時的發生。逢到這時，請看命運公式中是否有正官或者偏官。如果有了其中之一，即能夠抑制這種星的凶暴性。除了正官、偏官，像食神、傷官也可以。因爲在這種場合下，具有發洩比肩精氣的作用，可望化爲祥和一點。

如果四柱的中心柱，也就是代表本身的日柱衰弱時，也就是說日柱的十二運弱，或者日柱下的宿命星爲比肩、刼財、印綬以外的宿命星時，最有助於日柱者莫過於比肩了。雖然同樣是比肩，但是逢到這種場合，它就能夠發揮良好的輔助作用。

以比肩的性質來說，以此星爲中心星的人，應該選擇能夠自主獨立，或者以自己爲中心領導他人的職業比較合適。如果嚴厲的被限制，只能聽命於上司的話，他是無法忍受的。爲了發揮他獨特的個性，最好在藝術方面求發展。

比肩是很富於個性之星，然而在四柱推命學裏，大家都認爲它是剛烈的星。理由之一，很可能是「比肩」這一句話所含有的意義吧！

「肩並肩」的意思與「聳起肩膀」相通，既然我聳起肩膀表示不屑一顧的樣子，那就不能保證不跟兄弟朋友發生摩擦了。

因此，以比肩爲中心星的人，尤其是個性強烈的人，在人際關係方面必需儘量的抑制自己，以謀求跟他人和平相處。也就是說，必需給人一種柔和的感覺，但是也不能苦苦的纏著人家。

雖然是很親密的朋友，但是也不能毫無分寸，像隨便的利用朋友的名字，深夜酒醉時打電話給他，不考慮到他是否方便，欲勉強的「推銷」你的好意等等，都是要特別的謹慎不可。

有一句話說「親而不狎」。雖然很親密的互相幫助，但是切勿忘記彼此都有獨立的人格，這乃是比肩至極的含意。

比肩與其他宿命星的運勢

現在，我們就來看看比肩與其他宿命星的關係。這主要是指四柱上面的宿命星爲「比肩」的場合。

比肩—比肩　由於富有個性的比肩兩個並排著，不是要照顧兩家的生活，就是做生意時要設置分店，不然就是你自己要給別人做養子。你可能要爲兄弟、同事犧牲那麼一點點，或者跟父親的緣分比較薄。如果比肩是在月柱的話，孤獨、獨立的傾向就會變濃。由於你不夠融通，因此，不宜從事以客人爲對象的買賣，最好在律師、公務員等方面謀求發展。

比肩—劫財 由於親屬的瑣事而費神，免不了經歷種種的苦勞。例如演員小坂一也就有這種的組合，他跟十朱幸代的緣或許還不錯，然而這樣的組合却妨害了婚姻生活。具有這種組合的人並不討厭照顧別人，是故，不妨利用這種特性，從事顧問、旅行導遊、土地房產介紹等的工作。

比肩—食神 無論是做什麼事情，財源都會滾滾而來。事業方面不用說，就算是從事家庭副業收入也很可觀。如果想搞新事業的話，以金融關係的工作最爲合適。乍看之下，性格似乎是很溫和，其實都有著無比堅強的內心。小川宏先生在年柱有這種的組合，難怪他在競爭很激烈的世界裏，能夠長久的保持他的地位。

比肩—傷官 做別人的養子以後將引起事端，家庭內不斷的有風波發生。金錢方面亦會使周圍的人感到「不勝其煩」，雖然你是一心一意的爲別人打算，但對方却是不領情。不管是什麼事，最好是脚踏實地的做。

比肩—偏財 將因財產或父親的事引起問題。對男性來說，偏財表示外遇的意味。是故，往往會在愛情問題方面產生痲煩。以職業方面來說，最好選擇商業以外的工作。

比肩—正財 男性是會娶到賢慧的妻子。以金錢方面來說，意料不到的錢財會滾滾而來。既然有了這種組合，從事商業是最合適不過的。像歌星森進一有這種組合，是故，從事商業的話，一定能夠獲得成功。

比肩—偏官

不是給兄弟、友人添麻煩，就是會受到他們的連累。如果不小心去信任一個人的話，很可能會碰到詐欺之類的事情。佐藤愛子小姐有這種組合，正表示了她待人的忠厚。

比肩—正官

你是因做人誠實忠厚才獲得了別人的信用。因此，少許的麻煩是不會使你心神不安的，只要不要亂了脚步，一切按部就班的做去，都不難獲得圓滿的解決。

比肩—偏印

你將不間斷地體驗到各種的苦勞。因此，當你從事不習慣的工作時，將遭受到失敗，以致於又會陷入苦痛的境地。一開始就要覺悟你是爲人服務的，如此你就會感覺到好受一些。這種的宿命星組合，正暗示著你適合於從事服務性的職業。

比肩—印綬

不是把工作分給兄弟而獲得繁榮，就是能夠獲得一個養子。總之，這是圓滿發展的幸運組合。

比肩與十二運的運勢

接著，我們來看比肩與十二運的關係。主要是指比肩爲四柱上面宿命星的場合。

比肩—長生　從幼小時就能夠與兄弟姊妹過幸福的生活。就算你被寄養在他人的家裏，仍然能過融洽的生活。

比肩—沐浴　你跟兄弟姊妹的緣分薄，一生要不斷的浮沈，就連住處也會時常變更。並暗示著會罹患長期的疾病，因此要特別的注意健康。

比肩—冠帶　只要四柱沒有很惡劣的星，你就可以享受到幸福的生活。這是溫厚而以自力獲得成功的典型，具有這種組合的森村誠一放棄了飯店的經營，加入文學者的陣容可說是很賢明的選擇。同時，幼小時被寄養於幸福的家庭，或者由他人收爲養子的機會也很多。名作家水上勉就是一個好例子，他幼小時就被寄養於寺廟。

比肩—建祿　暗示著離開出生之家，跟兄弟姊妹分別，自己建立幸福的家庭。你本人的運勢相當好，亦有品德，不過，被他人收爲養子的機會也不少。如果比肩在月柱時（比肩是下方的宿命星），那麼，將以長男的姿態留在家裏。有不少人很堅強，不像外觀上的柔弱。名作家新田次郎在年柱有這種組合，然而由於其他柱有偏官，因此只要是創作性的職業，無論什麼都具有成功的可能，在文壇方面，他正在山岳小說的領域活躍著。

比肩—帝旺

是能夠向人生的逆境挑戰而獲得成功的典型。而且，又可得到兄弟姊妹的提拔，簡直就是錦上添花呢！如果是在日柱的話，長男也會離家去創業，而且更可以享長壽。

比肩—衰

跟兄弟的緣分很薄，就算有點緣，也幫不上大忙。在年輕時，很可能會被不太富有的家收爲養子，健康方面還算差強人意。

比肩—病

不繼承生身之家，而被他人收爲養子的機會很大。往往要爲兄弟操心，或甚至勞苦。

比肩—死

跟親兄弟的緣分很薄，往往在年幼時就要跟家族離別。這種組合並非良好，不過，靠著自己的努力，晚年很可能獲得幸福。

比肩—墓

年幼時，就要跟家人生離死別，一生的變化很大。身體却是很強健。

比肩—絕

跟兄弟的緣分太薄了，這種典型的人，就算被他人收爲養子，亦不致於繼承養家。健康方面却是很不錯。

比肩—胎 就算是身為長男，亦很少繼承生身之家。往往會到門戶比較高的人家當養子。至於健康方面，平常就應該多多注意。

比肩—養 兄弟姊妹中有人被領養。本人是相當的賣力，一旦抓住了機會就會交到鴻運。很可能具有外觀看不出來的疾病。

♡比肩的愛情指南

比肩具有封殺財星（偏財、正財）的作用。對於女性來說，男性就等於官星（偏官、正官），因為比肩會殺伐產生官星的財星之故，間接的，能夠使丈夫或男朋友陷入不幸。因此，比肩多的女性，不是在愛情方面發生波浪，就是親事很難以一次就談攏，尤其是日柱有此星更是如此。

又如：具有「比肩—偏官」組合的女人，往往會為丈夫吃盡苦頭。關於緣份方面，雖然沒有特別合適的組合，不過，以那種笑臉迎人，不管妳多麼任性，仍能夠包涵妳的男人比較好。以宿命星來說，以食神為中心星的男子比較理想，因食神可化解比肩的暴躁之故。至於中心星為偏財及偏官的男人則應避免為佳。

又如：比肩爲中心星的男性，最好選擇頭腦聰穎靈巧的女性。以印綬爲中心星的女人最理想，而偏財與偏官的女性是不合適的，很難變成只羡鴛鴦不羨仙的夫妻。

四柱有比肩與比肩的組合的話，往往會很遲結婚，比肩與偏財的組合，則暗示有色情方面的麻煩。最理想者爲比肩與正財的組合，暗示能夠娶到婦德具備的好妻子。

2 劫財

——倔强與固執之星

刼財具有何種的基本運呢？

此星是比肩的兄弟星，可以說性格與作用，幾乎跟比肩沒有什麼差別。只是，比肩表示著毫無虛假的自己，而刼財却是表示隱蔽而不露面的自己，如果要比喻為兄弟的話，那就等於同父異母的兄弟。

刼財的長處為：日柱太衰弱時可以扶它一把，財產太多的話可以抑制它們，以保持命式的平衡，而且，當叡智之星印綬受到正財的攻擊時，印綬很歡迎刼財去封殺正財。

又如：司掌衣食住吉星的食神，歡迎刼財去協助它，當然也就喜歡刼財的存在了。

不過話又說回來了，不管如何它是奪財之星，因此對於利益方面比一般人更為敏感，無論是做什麼事情，如果對自己沒有利益的話，他就不會認眞的做下去。

如果四柱重叠著許多這個星的話，內心深處時存著自己本位的念頭，對他人冷酷無情。也就是說，外貌看起來忠厚而順從，然而在內心裏，却老想把自己的主張付之實現，人格方面顯得很複雜。

為了抑制這陰暗的一面，借用正官的力量最合適。這就彷彿用法律的力量防止犯罪於未然一

2 刼　財

刼財是倔強與固執之星

般。例如：刼財爲中心星而四柱有正官的話，惡劣的暗示就會一變爲良好的暗示，損失變成利益，恰有如被認爲厚臉皮的人，轉變爲發揮很優秀的領導力一般。

總之，刼財是對人關係方面會受到阻塞的星，實在不適合於跟他人搞共同事業。不妨活用稍偏屈的特點，做一個技術者，或者從事接待業。

或者，你不妨想想刼財的本來意義。所謂刼他人財者，就是指不必自己流汗，一攫千金，難怪有這種星的人都喜歡賭博。

是故，跟賭博類似的職業，像股票買賣，以及地皮房屋的買賣，都很適合於中心星爲刼財的人。不過話又說回來了，絕對不能去賭博，因爲以這個星的性格來說，一旦沈迷於賭博的話，就會變成無賴漢，千萬要小心！

以普通的倫理觀念來說，四海之內皆兄弟，並沒有一個人生下來就是壞蛋。

然而，四柱推命學在提出各種星的性格時，總是會很心平氣靜的否定人性本善的說法。

對於那些深信人性本善的人，如果我對他們說：「世上就有出賣朋友的人」，也許，他們聽了以後會大吃一驚，然而，這是不可否認的事實。

不管如何的裝模作樣，人類仍然有陰暗，以及心眼不正的一面，如果有揭發這秘密的書本就好了，因爲它能教我們眞正瞭解別人的方法，而四柱推命學正能夠滿足我們這一點。

我爲什麼要說出這些話呢？其實，刼財本來有「出賣」的性質。雖然有人好意的對他說：「我完全的相信你，把一些都交給你做」或者「我只告訴你秘密……」表示信得過他，但他却很輕鬆的把這位朋友出賣了。

雖說具有出賣朋友的性質，然而，他並非出賣所有的朋友。他只是出賣某特定的友人，也就是刼財跟正財一般沒緣份的友人才會遭受到他的出賣，如果是像刼財跟食神一般緣份好的友人的話，他可能就會非常的珍惜這一分友誼了。

如此一想，我本身也就恍然大悟，爲什麼我在某友人眼中是一個討厭的傢伙了。因此我本人認爲：世上並沒有所謂絕對的好人，或者是絕對的壞人，更明白一點的說，好壞是由兩人的緣份來決定的，更明確的說，這只是投合與不投合的問題。

話雖然這樣說，我們也不必逐一的去問每個朋友的出生年月日時，再作成命運公式，跟自己緣份好則交往，跟自己緣份不好就放棄，這樣是太愼重了一點。

然而，對畢生伴侶的配偶來說，還是非重視彼此間的緣不可。只要謹愼一些，就可以儘量的減少彼此間的明爭暗鬥，或者被出賣。

刼財並非百分之百令人害怕的星。就因爲不能做到八面玲瓏的地步，一旦心心相印的話，就沒有此這個更有力的友人了。而且，在人類被單一化的現代，如此具有一癖的人成功的機會比較大。

具有這個星的名人有：作家的立原正秋，瀨戶內晴美，演員的司葉子、三橋達也，以及實業者的長老松下幸之助等。

劫財與其他宿命星的運勢

那麼，刼財與其他宿命星的關係又如何呢？這也是指刼財爲四柱上面宿命星的場合。

劫財—比肩 友人或者家屬很容易引起問題。注意勿被捲入義兄義妹的金錢糾紛裏面。親事方面也有障礙。除了與人處於對等的共同事業之外，其他種類的職業都合適。

劫財—劫財 搞正業以外的工作，更換職業招致失敗，勞心不斷，却是一無所得。在家庭內也容易引起生離死別，或者疾病等不幸之事。總之，讓你勞心的時候是很多的。

劫財—食神 叫人意想不到的福份會滾滾而來，物質方面是不會感覺到匱乏的。不管是處於那一種的危機，都有人伸以援手。

劫財—傷官 最好固守於一個地方，全心的做一定的工作。可能在別人不察覺之間，獲得相當的成功。請多多注意愛情問題。

2 劫　財

具有劫財的人，很適合從事於
股票以及地皮房地產的買賣。

劫財—偏財　雖然經手的金錢很多，但却守不住錢財。縱然是犧牲自己爲長輩效力，仍無法在金錢方面獲得好處。有些人會娶離過婚的女人爲妻。男人的話，除了有正室之外，還可能在外面金屋藏嬌。

劫財—正財　正財的好處會被刼財破壞殆盡。不是牽連到詐欺事件，就是爲別人破財，災禍總是從外面而來。

劫財—偏官　本來是具有能力的人，不是想創出新事業，就是努力著想把中斷的事業復興。只要拿定主意，勿三心兩意，就不難獲得良好的結果。

劫財—正官　無論是在工作方面，愛情或者家庭方面，都有解散、離別的暗示。尤其是不宜搞獨立自營的職業，最好是做一個領薪人員。不過，有極少數人會飛黃騰達。藤本義一就是最好的例子，他的四柱有藝術之星的華蓋，以及強烈的魁罡，兩者形成了一股強烈的運勢。

劫財—偏印　是多趣味多才的風雅人士，像名評論家江藤淳就有這種的組合。然而這種組合也正意味著，風雅人士勿一時沈溺於興趣，自己的本業也同樣要顧到。如果只一味的幫助別人，而自己的生活發生了困難，豈不是一件很殺風景的事嗎？

劫財—印綬　由於長袖善舞，金錢方面是不必發愁的。不過由於浪費成性，時常感覺到捉襟見肘。喜歡過度的照顧別人也是小小的缺點，職業方面，比較適合於擔任律師、會計師等。

劫財與十二運的運勢

現在，我們就來看看刼財與十二運的關係，主要是指刼財成爲四柱上面宿命星的場合。

劫財—長生　兄弟們是你的大幫手，如果碰到冲或者刑的話就沒有用處了。父親會娶拖油瓶的未亡人爲妻，而未亡人帶來的孩子運勢總是很弱。不過此人身體却很良好。

劫財—沐浴　住處不安定，兄弟們也同樣運勢不好。健康方面也不太好。

劫財—冠帶　如果年輕時很幸福的話，不久命運就會轉變一百八十度陷入貧困的深淵。假如年輕時不幸的話，情形恰好相反。兄弟們也是如此。外表看來似乎是很健壯，事實上却是很多病。

劫財—建祿　是很健康的人。只是以力氣方面來說，稍有弱不禁風之勢，自己雖然是長男，但却不能繼承家業，而留給弟弟們去繼承。

劫財—帝旺　由於繼承方面發生了問題，以致會去繼承別人的家。配偶也會換幾個，但是當事人很健康，是能夠享受長壽的典型。

劫財—衰　幼小時跟單身（父母的任何一方）的緣分很薄，往往會被其他人家所養育，但是日後兄弟都能夠步上幸運之途。以健康方面來說，時常會鬧一些小毛病，還是不要過度勞累才好。

劫財—病　兄弟姊妹裏有品行不好的人，爲此會時常煩惱。不宜過度的操勞。別以爲明天是休假，今天就日夜的連戰下去。感到疲勞時最好休息一會兒，切勿把勞累積存下來。

劫財—死　在幼小時，恐怕就有和兄弟姊妹別離之慮。性格方面有點古怪，恐怕不能和周圍的人相處得很好。最好不要坐等機會，而由自己製造機會，主動而溫和的去接近他人，如此才能夠使人際關係轉好。

劫財—墓　在進入小學就讀的前後，將會跟兄弟生離死別，在家中也不怎麼圓滿。由於處處不如意，自然地在性格方面也會變成冷淡。男人的話，健康情形很不錯，女性則有婦人病之慮。

劫財—絕　無論是工作或者是家庭，如果聽任自然演變的話，恐怕有陷入最低潮的危險。最好是結交幾位學識及經驗皆優秀的朋友，依照他們的忠告做事。

劫財—胎　例如：有同父異母（或者同母異父）的兄弟姊妹等，家庭背景顯得很複雜。就是因

刼財—養

爲如此，才必需更注意心理方面的健康，勿使自己感到鬱悶不樂。兄弟之中必定有人要給他人做養子。而且會使配偶勞苦不堪，是一種夫婦緣很容易變的運勢。不過，本人却很可能享受長壽。

♡刼財的愛情指南

「刼財—比肩」的組合，女性將因丈夫的外遇而吃盡苦頭。

「刼財—食神」的話，女性雖然免不了再婚，但却可由再婚而獲得幸福。

「刼財—偏財」的女性，則一生要爲男人鞠躬盡粹。

「刼財—正官」的話，女性將受盡配偶的傷害。

「刼財—建祿」的話，再婚的人很多，「刼財—帝旺」則必定要再婚一次。

談起了緣份方面，最好選擇心胸寬大，溫柔體貼的人。食神爲中心星的男性，一定能夠抵消刼財的激烈性格。

以刼財爲中心星的男性，以選擇食神爲中心星的女性最理想。中心星爲刼財，而又有傷官的話，這一定是喜歡拈花惹草的男人，他喜歡向在職的女性伸出魔手，或者跟女性客戶搞七捻八，總之，大家對他的評語很壞。

刼財再配以偏財的話，除了自己的妻子以外，還可能跟其他的女人建立親密的關係，如果是「刼財―帝旺」的組合，則可能會更換好幾個配偶。

3 食神——快樂與口福之星

食神具有何種的基本運呢？

雖然「食神」是叫人聽不慣的話，但是字面的含義却叫人很容易懂。對了！這個星就是食物之神，以更廣義的意思來說，我們可以把它視爲掌管衣食住之神。

俗云「衣食足而後知禮」，也就是說衣食足有了餘裕之後，自然就能夠蓄積起來變成財產。這個星所以被當成四吉神之一而受到了重視，乃是它能夠生「財」之故。

因爲，食神是使人飲食不匱乏之星，四柱有食神的人，物質生活相當豐足，生活安定，體格豐滿，性格也比較大而化之。

不匱乏飲食，也意味著美食，當然也是很懂得吃的人。乃是喜歡講究口味，很有口福的人。不僅是食物方面，就是在日常生活方面，亦偏愛華美的東西，以及內容豐富的東西，對於藝術方面的理解以及關心也比別人強。

就是因爲如此，往往會沈溺於遊樂，以致忘懷了實際的生活，或者自以爲是王孫公爵整天坐著不動，以致動作變得遲鈍，我們不能否認這個星具有此種暗示。

也就是說，由於不愁飲食，以致不肯勤勉的做事，亦不思創業。總之，就是缺乏這方面的幹

3 食　神

有了「食神」就不愁飲食

動。

具有食神的人，就算有財產，亦不是事業家的典型，而是接近藝術家的典型。爲了想傾吐自己內在的世界，喜歡從事於用腦等藝術活動，以及知識性的活動，這就是食神這個星的暗示。從愛好美的世界看來，比較適合於擔任美術家、髮型設計家、舞蹈家、作家、或者是攝影家。

月柱下面中心星爲食神的人，所以被認爲是聰明，可能是腦的精華散發的結果吧！

命運公式中，除了食神還有正官、偏官的話，那就比較適合於從事跟生產沒有直接關連的職業。例如：醫生、教師、占卜者、播音員、以及廣告宣傳業等，食神可以在這方面發揮功能。

四柱只有一個食神，十二運強日柱好的宿命星的話，頭腦就會很靈活，不過，這不像會傷人的剃刀一般的銳利，性情是溫和的，錢財又豐富，而且身體又健康，實在是得天獨厚的人。

然而同樣是食神，不同的五行就有不同的性格。

木與火（日柱上段爲甲，四柱的某一地方有丙，或者是日柱上段爲乙，四柱有丁的人）能夠因博學而揚名。不過，開頭好而結果却是不好，這種暗示叫人不怎麼愉快。

火與土（日柱上段爲丙，四柱有戊，或者日柱上段爲丁，四柱有己的人）則是做事始終很認眞的人。

土與金（日柱上段爲戊，四柱有庚，或者日柱上段爲己，四柱有辛的人）是多才多藝，文章巧妙，經濟觀念很發達。

金與水（日柱上段爲庚，四柱有壬，或者辛爲日柱上段，四柱有癸的人）爲能道善辯，而且富於行動力。

水與木（日柱上段有壬，四柱有甲，或者日柱上段有癸，四柱有乙）爲開朗聰明，知曉世事，文章寫得很好。

食神的那一柱又附有天乙貴人的話，將能夠廣博信用，名與利能夠雙收。

食神那一柱有驛馬的話，就要離開生身之家，獨立去創一番事業。

月柱有食神，時柱又有正官的話，將會飛黃騰達。女性的時柱有食神與建祿，或者有帝旺的十二運，子女就會有所做爲，廣博聲譽。單有食神而沒有偏印的話，畢生都不會遭遇到竊盜，可說是很幸運的組合。

如果命運公式有食神，再有偏印、刼財，或者偏印與偏官齊全的話，凶的暗示可說不少。又如：食神過多也會成問題。在同一個命運公式中有兩個食神的話，當然具有增強作用的效果，然而，假如有三個以上的話，這就不是好現象了。

食神、傷官都是洩本身的精華，當然隱藏著身體會衰弱，也就是會變成不健康的暗示。同時會削弱生己的比肩之力的原故，對雙親之一的緣分比較薄弱。

食神太多而偏官太少的話，偏官將被封殺以致陷入困窮之境，不然就是身體變弱，或者沒有孩子，就算有孩子也不會很多。

食神暗示著智慧以及精神等方面，太多的話將會喪失精神方面的平衡。這種說法頗能爲人所接納。

我的命運公式不但有食神，而且，又有文昌貴人，以及華蓋，以致喜歡什麼也嘗試一下，有時連自己也莫名其所以呢！我本來是以意大利文學的翻譯家自居，然而，我原先專攻的却是俄文，意大利語只不過是旁門左道罷了。儘管如此，我却反賓爲主地，對意大利文更表熱心。

以這個四柱推命學爲首的占卜研究，始終只是停留於「有趣」的階段，想不到一旦跨入了門檻，就無法自拔了，因此，以外行人的身分寫成了這本書。投身於興趣的鑽研，或許也是食神的特色吧！

然而，我命運公式的食神，很可能是有暗喻著貪食。我的身材稍肥胖，血壓又高，但是看到了美味可口的食物，不看便罷，一看就非把它們悉數塞入嘴裏不可。

令人感覺到興趣盎然的是，有了食神這個星，不僅能夠品嚐飲食，而且跟烹調方面也頗有緣分。經營餐廳、飯店的人多數有這個星，甚至廚師也不例外。更廣泛的說，跟食物有關的職業，都是具有食神者的適業。

具有食神的名人，計有男女影迷衆多的十朱幸代、天下美女之稱的栗原小卷、長門裕之、黑柳徹子。作家方面則有星新一，棒球界有長島茂雄等。尤其是黑柳徹子擁有兩個食神，難怪他能夠靠著獨特的話術得名氣。

食神與其他宿命星的運勢

現在，我們就來瞧瞧食神跟其他宿命星的關係。這亦是指食神爲四柱上面之宿命星的場合。

食神—比肩 頗有人緣，上天賦予經濟方面的能力，然而，爲了講求義氣，耗費出去的錢財却相當多。就算是給他人做養子，也會落到有財產之家庭。很適合於在金融業、接待業等方面求發展。

食神—劫財 是一個很重視理想的人。人際關係進行得很圓滿，經濟方面也寬裕，可說是一個很幸福的人。就算是臨身的災禍也會變成福運，例如雖然喪失了親人，却又獲得了一筆莫大的遺產。

食神—食神 是物質方面充裕不匱乏的幸福者。搞合夥事業也很不錯，是能夠大展鴻圖的組合。

據說，畢生都不會遭受到挫折。四柱的某一處有食神的人，一般說來，比較適合於金融業、典當業、以及服務業，這種組合的人就是其典型。

食神—傷官　雖然搞共同事業有相當的發展，然而很遺憾的是中途會遭受到妨害。而且，這種妨害又來自配偶或孩子。

食神—偏財　是一生幸福而又能獲得莫大利益的人。男性的話將有很好的妻子，女性的話將有很好的子女運。做一個領薪人員是很有前途的。其他，像從事服務業、小買賣都很適合。

食神—正財　這種組合卽一般所謂的大吉。上司會儘量的提拔，無論做什麼事都很順利，眞是叫人羨慕。

食神—偏官　或許是由於食神能夠抑制傷官的原故，一生裏總是離不開勞苦。這種的組合很難以把自己的意思傳給別人，是故容易被人誤解，跟子女的緣分也很薄。

食神—正官　爲人方面很圓滑，處處周到，使人感覺到有魅力，經濟方面也有餘裕，家庭生活更不差。能夠受到世人的尊敬，子女也會孝順。

食神—偏印　自從幼小時食量就很少，因此，不管是健康或者性格方面都顯得貧弱，不是去添加別人的麻煩，就是別人來添加你的麻煩，做事沒有一個準繩，由此看來，從事接待客人的事業似乎比較合適。

食神—印綬 自己信用別人，別人亦能夠信用你。由於互相存有信賴感，萬事都能夠進行得很順利，是一種幸福的組合。

食神與十二運的運勢

接著，我們來看看食神與十二運的關係。也是以食神為上面宿命星的場合。

食神—長生 是天生具有溫厚人品的人，一生不愁衣食。受到人們的愛戴，適合於在學術、藝術方面謀求發展。女性的話，能夠獲得很優秀的子女，如果食神過多的話，將不會把丈夫放在眼裏，而以女中丈夫自命。

食神—沐浴 可能是食神的力量被削弱，所以年幼時不是被送給他人做養子，就是無法獲得賢妻。女性的話，子女的運勢不很好，反正沒有稱心如意的事。不過，如果四柱有財星的話，就不難獲得賢妻，有比肩、刼財的話，就可以防止子女不良的運勢。

食神—冠帶 這個人生下來之後，父親的事業就能蒸蒸日上，只要此柱不被冲破或者淪入空亡，一生就能過得很幸福。此型的女性，可說是典型的賢妻良母。

食神—建祿

這種組合的人，好像是爲了享幸福才生下來的。如果此人有女兒的話，他的女婿也可以大展鴻圖，不斷的交上好運，實在是叫人羨慕的運勢。食神只有一個的話，一定是如此。尤其是此柱的組合，更能帶來健康。

食神—帝旺

生於資產家之門，一身承受了福德，生活方面不會感到不自由。此種典型的人並非以獨立開拓事業，而是在公司、團體等組織裏面做人上人，也就是擔任管理階級的職位。實業界的王者松下幸之助就有這種的組合。松下幸之助在這種典型的人當中是很難得的，因爲他是以自力獲得成功。然而，他並不以小小的成就感覺到滿足，他不斷的奮鬪，終於成爲巨大組織的推動者。

食神—衰

生下來時相當繁榮的家庭，隨著本人的成長會逐漸衰退。不過，四柱中有比肩、刼財協助的話，也許能夠化解這種壞運。如果是女性的話，可以生一個能夠挽回家運的孩子。

食神—病

生身之家本來相當的繁榮。然而，此人被生下之後，已經開始走下坡了。不過，到了孩子那一代就會逐漸的恢復舊觀。

食神—死

生身之家雖然比往昔衰落，但是一般看來還算安穩。女性的話，沒有子女的人並不在少數。

食神—墓　祖先的每一代都生於富裕之家，然而從中年起運勢就會衰退。這種組合的人，很喜歡四柱中有比肩、刼財的協助。女性的場合，跟子女的緣分比較薄。

食神—絕　絕的惡劣一面完全起了作用。如果不特別努力的話，將遍嘗到塗炭之苦。如果四柱有財星的話，可望能過普通的生活。不過話又說回來了，雖然必需很努力才可以免去塗炭之苦，然而太過於勞累的話，就無法保持身體的健康。是故，保持身體的健康比什麼都重要。

食神—胎　必需靠自己的努力才能抓住幸福，然而，有時也有意想不到的幸運降臨。可以說是一種很不錯的組合。

食神—養　雖然無法一炮冲天，然而却也能夠擁有中等的家庭，過著平靜而衣食不缺的生活。女性如有這種組合的話，則可以從子女身上獲得報償。

♡食神的愛情指南

這是一個很不錯的星，女性有了食神這個星，獲得幸福的機會也無形中增多。以這個星爲中心星的婦女，跟頑固而有點怪癖的男性也可以相處得很好，如果是跟以偏官、刼財、正財爲中心星的男子結合的話，更能夠變成夫唱婦隨，只羨鴛鴦不慕仙的佳偶。

食神這種宿命星卽使只有一個，仍舊有風騷的暗示，如果有好幾個的話，往往就會流於房事過度，乃是喜歡熱情奔放的SEX之典型，以致會被看成缺乏貞操的女人。

然而，只要有抑制此星的偏印，所謂的貞操觀念就會增強，你也就用不著耽心了。

「食神—食神」的組合，女性會帶有男子氣概，不會把丈夫看在眼裏。

「食神—正官」的話，夫運就會很好，可以組織幸福家庭。

「食神—沐浴」的女性將被SEX所翻弄，而沈溺於此不能自拔。子女運也不好。

「食神—冠帶」的女性，可以做一個典型的賢妻良母。她會生下很優秀的子女，一生都會過得很幸福。

食神淪入空亡的女性，子女緣總是比較淡薄。

陽日（日柱上段爲甲、丙、戊、庚、壬的任何一個）出生而食神多的女性，有很多人從事接待客人的職業。

以食神爲中心星的男性，很適合於跟正經規矩的女人配對。偏印以及偏官的女性是凶暴型，以正財爲中心星的女人就是這種人。

「食神—比肩」的男性，總是很受女人的歡迎。

「食神—傷官」的組合的話，將因妻子而吃盡苦頭。
「食神—偏財」的男性，女人一看就會緊抓不放。

4 傷官

——喜歡突破與聰明之星

傷官具有何種的基本運呢？

不尋常的大人物多數有這個星，據說孔子的命運公式亦有傷官呢！

傷官跟食神是同類的，因此有食神的幸福之運，也就是暗示著衣食住的豐富。不過，傷官的形態跟食神不同，例如：在不營正業下仍可以致富。

原本，傷官就是聰明之星，如果四柱又有財星的話，卽可憑著一般人想像不到的智慧集財。如果更進一步，以刼財替代財星的話，則為了賺錢可以不計手段。

傷官跟食神又有一個相同的作用，那就是吐出內心之秀，再把它賦予形態，也就是表露出學術、藝術方面的才能。

頭腦的靈活是超群的，然而，由於具有跟食神不同的偏頗，人格方面缺圓滿，人人都對他敬而遠之，所以，失敗、不幸會接連而來。

因爲傷官是表示吐出自己內心的東西，喜歡喋喋不休是無可避免之事，遺憾的是：在得意忘形之下，往往會說出一般人難以啓口的話，以致，周圍的人會把他當成愛道人長短的刻薄者。

不過，身爲學者、藝術家而自成一家的人，差不多皆有傷官所顯示的超越常識的突破之處。

4 傷　官

傷官是喜歡突破與聰明之星

印綬是智慧之星，同時亦能夠抑制傷官的激烈，是故，四柱有這兩種星的話，就可以在學問、藝術方面揚名。

傷官多雖然有強烈的凶之暗示，但是女性去當手藝的教師，男性去擔任教育者、宗教家總是合適的。因爲傷官就像具有雙刄的劍。

同樣是傷官，性格方面却有多少的差異。

木火傷官（日柱上段爲甲四柱有丁，或者日柱上段爲乙四柱有丙的人）具有激烈的氣性，看不起別人，往往會把父母的錢財耗光，如果四柱有財星的話，就可以發達。

水土傷官（日柱上段爲丙四柱有己，或者日柱上段爲丁四柱有戊的人）的自尊心強得離譜，叫人不敢跟他親近，不喜歡認輸，很容易跟他人引起衝突。

土金傷官（日柱上段爲戊四柱有辛，或者日柱上段爲己四柱有庚的人）則是比較溫和的人。

金水傷官（庚爲日柱上段，四柱有癸，或者日柱上段爲辛，四柱有壬的人）如果是庚日的場合，必需用土去抑制，不然的話，將有色情方面的災難。辛日生的話，則比較開朗聰明。

水木傷官（壬爲日柱上段，四柱有乙，或者日柱上段爲癸，四柱有甲的人）爲明朗而聰明，以富有才智馳名遠近。壬日生的人，則會在年幼時遇到災難。

被稱呼爲大人物者，性格方面總是比較偏屈，而傷官這一個星却給人那種氣氛。

傷官有時會顯示出異乎尋常的發達，也就是一種超乎常識的作用。因爲它是破壞地位、名譽（正官）的星之故。然而，這個世界是不超乎常識的範圍的，父母親都希望子女能夠平穩無事的過日子。他們並不希望子女異乎常人的表現才智，而寧願他們在常識的範圍內過日子。

傷官的悲哀處，與其說是個性強烈的星，不如說它的眞實價值無法被理解。就算發展方面有多麼輝煌，然而，相同時代的人却無法理解，往往要等到後世以後，才能夠獲得一部分的理解。

所謂的傷官也者，包含有傷害正官，破壞以及阻擾的意思。

顧名思議，所謂的正官暗示著：踏上官途，也就是在人世獲得高地位的意思，以五行的配置位置來說，男性的話，意味著自己的兒子、後繼者。女性的話，則表示著丈夫。

表示地位、兒子、丈夫的正官可說是很尊貴的星。傷官既然會傷害正官，當然有它凶惡的一面。

不過話又說回來了，有傷官的場合，只要有印綬或者偏印就可以解除凶兆了。

如果有財星（偏財、正財）的話，傷官就會給財星力量，使得財星能夠生正官。如此這般，抑壓的力量就會變成生的力量，正官的力量也就會無形中增大。

同時，這個星的另一個作用是：吐出本身的精力，由於會損傷自己，因此被認爲是凶兆。

同是「吐出本身精華」，食神是陽與陽，陰與陰，就算是吐出，亦能夠很快的彈回來，也就是說有回報。

然而，傷官却是陽對陰，陰對陽，吐出的精華很快的就會被對方所吸收，換句話說，一吐出就不回來了，以致，本身只有走上衰弱一途。例如在健康方面，乍見似乎是很強壯，然而却有某種的慢性病。

不過，只要活用「吐出精華」作用，就非常適合於藝術方面的工作。又如：能說善道，當然也適合於當律師，或者在政治界活動。除此以外，像利用嘴巴賺錢的職業，如調停人、推銷員、美術商人等皆很合適。

傷官與其他宿命星的運勢

傷官—比肩　爲了要照顧兄弟、友人等，必需花費相當多的金錢，然而，往往會得不到好，或者因對兄弟、友人不夠義氣而遭受到失敗，或者損失。本來，傷官適職的律師、掮客等的工作，只有這種組合很難以討好，也許理由就在這裏吧！！

傷官—劫財　不能期望有所大發展。就算獲得了利益，也是微乎其微的。然而，所付出的苦勞却是倍於常人。家庭方面也有很多的問題，很可能會與別人的妻子發生不乾不淨的關係。很不適合於搞所謂的合夥事業。

傷官—食神　暗示著照顧別人會給自己帶來利益。名作家井上正雄以及名作曲家黛敏郎就有這種的組合，這一定是表示他們樂於照顧別人。這種組合的人可以幹合夥事業。

傷官—傷官　由於眼中無人，喜歡自讚自誇，因此勞苦就一生不斷。照顧別人可能會給自己帶來反效果。然而，從事於跟藝術有關係的工作，或者是技術方面的工作，總是能夠顯得順利。

傷官—偏財　由於獲得他人的信用，以致得到了便宜，或者別人的失敗變成了本身的利益等等，物質方面是得天獨厚的，然而精神方面卻有層層的勞苦。愛情問題方面也會引起不如意事。工作方面以介紹業比較適當。

傷官—正財　這也是他人的失敗會變成自己利益的典型，暗示著可以獲得妻子的協力。如果是要從事商業的話，則以投機事業或者古董店比較合適。

傷官—偏官　這是暗示一生多勞苦的星。不是被冠以莫須有的罪名，就是親事老談不攏，子女緣很薄等。只要在藝術或演藝方面求發展，就可以獲得順利。

傷官—正官　是能言善辯的人，而且喜歡談論別人的是非。在繼承跟子女的問題方面，總是有是非牽連著。投機方面的事業最好避免。名演員堺正章有這種的組合，但是他不是喜歡說別人是非的人，而是表示具有舌燦蓮花的才能。

傷官—偏印　如果伸手去搞本業以外的事，那是很容易招致失敗的。不是給長輩或晚輩添麻煩，就是受到他們的連累。就算有人安排相親，但卻是徒勞而無功，一切都不能顯得很順利。總之，只能夠貫徹於本業，勿出手搞副業。

傷官—印綬　往往會發生某種的偏差，以致不能把一件事情做得很久。爲了兒女老耗費可觀的金錢。職業方面以零售業比較合適。

傷官與十二運的運勢

現在，我們來看看傷官與十二運的關係，這是指傷官爲四柱上面宿命星的場合。

傷官—長生　是浮沈都很激烈的人生，不過由於生性聰明，很早就能夠在藝術界揚名。

傷官—沐浴　忠言逆耳，不喜歡聽人勸告，以致損傷到自己。女性的話，在生產時會有麻煩。身體雖然衰弱，但却由於善於照顧，長壽的人却相當多。

傷官—冠帶　這種組合暗示經濟方面得天獨厚。名演員森繁久彌就有這種組合。女性雖然有子女運，然而在愛情方面卻會遭受到挫折。

傷官—建祿　雖然本人很努力，但是卻不能繼承家業，而是會繼承叔父或者祖母。女性的話，多數很可靠、健康。

傷官—帝旺　傷官是用來看祖母、叔父的星。是故，具有這種組合的人，表示他在祖母或叔父掌管家計時生下來的。其他柱沒有傷官，而有財星的話，就可以大大的發展事業了。如非這樣的話，一生將有很多的變化。

傷官—衰　不是幼小時就離開雙親（父母的任何一位），就是夫婦不能好好的相處，很容易引起叫人頭痛的事。健康方面則差強人意。

傷官—病　也是跟單親的緣分比較薄。就算親戚中有人飛黃騰達，但是他也不會助你一臂之力。你如果想要一切順利的話，最好捨去高傲之心。平時就要多多的注意健康，以免罹患慢性病。

傷官—死　往往會在年輕時就會跟父母生離死別，家運也容易走上衰退之途。這種人具有疑心生暗鬼的性格，而且，喜歡向人討人情，最好盡量的控制這種性格，否則是很難期望成功的。

傷官—墓　跟雙親的緣分很薄，對於家人或者他人，亦是時常改變態度。

傷官—絕　很早就會跟父母生離死別，而且，又得去照料親戚，以致被搞得焦頭爛額。女性的話，子女緣很薄。

傷官—胎　家庭方面的問題很複雜。畢生過著吉凶參半的運勢，往往會繼承祖母或者叔母。

傷官—養　年幼時會被祖母或者叔母所收養，可以過很平穩的一生，至少一生會碰到一次轉運的機會。

♡傷官的愛情指南

對女性來說，傷官是一個傷害正官（丈夫）的星，是故，女人的命運式有它的話，將不太受到歡迎。因爲一般人認爲它會傷害丈夫的運勢之故。然而，只要命運式裏有財星，禍害就會轉爲吉祥。

有傷官的女人，最不適合於匹配中心星爲正官的男性。

傷官也暗示：提親方面不順利，跟丈夫生離死別，如果傷官那一柱是空亡的話，凶的暗示就會在中途被解消。

年柱、月柱雙方有傷官的女人，多數屬於夫緣不定的人。

年柱有傷官的女人，生產時會有問題，妊娠期間最好格外的小心。

傷官那一柱再有咸池的話，將被男女間的性所玩弄，而勞苦連連。

傷官與偏印同一柱的場合，不是跟孩子分別，就是帶著孩子嫁人。不過，具有傷官的女性中有不少貞節的人，當她們與丈夫死別後，往往能夠以未亡人的身分而終。

「傷官—偏財」的女性，必需等到身爲未亡人以後，生活才能夠安定下來。

「傷官—偏官」的女性，在愛情問題方面，往往會有被冤枉的危險。

「傷官—帝旺」組合的女性，往往會傷害到丈夫或子女的運勢，是具有再婚的暗示。

以傷官爲中心星的男性，往往是最受到名女人的歡迎。如果要娶名女人的話，當以中心星爲食神最好，以正官或印綬爲中心星的女人最好避免。

有「傷官—偏財」組合的話，在愛情問題方面最容易遭受到挫折。有了傷官與正財的關係，乃是表示能夠獲得妻子協力的運勢。

5 偏財

——趣味廣泛多才之星

偏財具有何種的基本運呢？

這是相當風流的人。爲什麼說這個星是風流呢？因爲同樣是財星的正財，就好像字義一般方方正正的，在相對照之下，偏財就被認爲是老練而圓滑多了。

又如，正財是辛勤工作所獲得的錢財，非好好的儲存起來不可，相對照之下，偏財並非是流汗所獲得，而是在不費吹灰之力下所獲得的金錢，是故，往往會很輕易的花掉。

就算是相當辛勞後所獲得的錢財，由於是辛苦了一陣子，更不能不用它來享樂一番。偏財本身就有這種含義。

其實，這才是對金錢所抱持的眞正觀念，可見它是很適合於代表財產的一個星。事實上，僅靠自己一代就積下財產的人，往往是偏財比正財還要多。

我現在要爲「風流」這兩個字解釋一下。正財被一般人視之爲元配的妻子，由這一點看來，偏財無疑的，就是第二號了，以女性關係來說，這種看法是不會錯的。

例如：偏財若爲中心星，而其他還有偏財的話，那麼，這一個人是靠自己的力量建立一個家，同時又有另外一個女人，以致，再爲她建造一個家。

5 偏　財

偏財具有享樂的意味

令人感覺到趣味盎然的是，這種人被認定爲「不是很愛喝酒的話，就是愛好花卉」。

如果這個星爲四柱某上面的宿命星，則是富有俠義心，對金錢淡泊，感到人生無常，並不値得斤斤計較。也有人說，這種典型的人，不是喜歡喝酒，就是愛女人，並且喜歡高談濶論。由實際的例子看來，酒、女人皆愛，甚至連花兒也愛的脚踏兩隻船，甚至脚踏三隻船也不少呢！

生出偏財的食神亦有愛美的地方，或許是受到了它的影響吧？不過，食神具有那麼一點老太爺的味道，相對的，偏財却有一點花花少爺的意味。

凡是具有「偏」的星，都會被認爲是有缺陷的星，然而，偏財却是不折不扣的吉星。大凡是做爲一個人，沒有一個人不喜愛錢財，當然不能說它有什麼大壞處。只是正財意味著自己辛苦積存下來的錢財，而偏財却是流動於人間的錢財罷了。

因此有這一個偏財星的場合，如果手頭不握得緊一點的話，不管收入有多大，錢財總是無法積存下來。基於這個觀點，有人說具有偏財星的人輕財，反過來說，由於過度重視金錢，無時不想把金錢抓牢，以致，變成守財奴的例子也不是沒有。

財產是由本人控制，以及使用的。如果本人不善於理財，手頭又太鬆的話，偏財星有再多也沒有用。

偏財暗示著僥倖獲得，或者意外獲得的錢財。局外人往往會以羨慕的口胳說「財神爺好像永遠跟著他似的，他的財運好極了！」但是，你是用不著羨慕的。其實，持有這個星的人，總是在外人看不到的地方努力，不停止的流汗，始能夠獲得僥倖。

由於這個觀點，偏財星往往被認爲是商人之星，經過千錘百鍊者爲大富豪，靠時來運轉的人，也許就是小生意人吧！

同時，偏財也表示非正妻的女性，命運公式中此星多的人，女性關係總是很複雜。尤其是偏財與正財各佔一柱，或者同一柱有兩個偏財的話，那就可以判斷爲妻妾都跟他居住在一起了。我之所以能夠如此斷言，乃是四柱推命的準確性非常高的原故。

時柱只有一個偏財，而不跟比肩以及刼財在一起的人，可說是最幸福不過了。

偏財與其他宿命星的運勢

現在，我們來看看偏財與其他宿命星之間的關係。這是指偏財爲上面宿命星的場合。

偏財—比肩　會跟父親之間發生磨擦。就算有物質方面的利益，然而，卻有著解消這種益處的缺點，因爲同樣是財星，但偏財卻是偏頗的星之故。尤其是不適合於嚴肅而拘謹的職業。

偏財—劫財　愛好虛榮，喜歡排場，就算金錢的流量很大，亦不會積存下來。如果把偏財看成偏房或者妾的話，那麼，很可能在愛情方面產生問題。具有這種組合的人，最好到超級市場等，處理一般消費財的地方工作。

偏財—食神　無論做什麼都會成功，同時也可以獲得利益。不用說父親，就連妻妾也會助以一臂之力，事業自然就可進行得很順利，可以說是求之不得的一種組合。不過，千萬別以爲好組合就怠惰下來。最適合於從事銀行、保險等金融關係的業務。

偏財—傷官　雖然暗示著他人的成敗會成爲你本身的利益，然而，却不能希冀有很大的幸運。因爲，由於父親或者你本身跟女人的關係，將耗費很可觀的錢財。最適合於掮客、中間買賣者、以及介紹買賣的工作。

偏財—偏財　無論是對金錢、女人都有很好的運勢，尤其是具有謀生的才能。當然若參加合夥的事業也很好。在境遇方面，幼小時可能會被別人收爲養子。

偏財—正財　由於是財重疊的命式，很多人經營兩種的事業。名作家森村誠一就具有這種的組合。森村誠一不但寫小說，同時也撰寫一些非小說類的文章。大體上說來，具有這種組合的人，在工商業方面能夠獲得很大的利益，以致，連私生活方面也會受到干擾。如果再有其他財星的話，表面上看起來很豪華，但是內心却會感覺到痛苦。不過，花出去的錢財雖然很多，但是仍舊有不少會留在你身邊，憑這一點你就可以安心了。

偏財—偏官
金錢方面的收入相當不錯，但是，由於在父親以及女人之間會花費不少金錢，每逢發生了什麼事，便會和父親產生隔閡。

偏財—正官
好像很完整的世襲了經濟力與名聲一般，完全地接受了父親的恩惠。而且，亦能夠滿足周圍人的期待，在事業上謀求發展。只是很容易受到別人的連累，被中傷而處於不利之立場。爲了避免這一點，平常就要多多警戒。

偏財—偏印
是一種勞苦多的組合。父親會跟你疏遠，或者受到他人的連累以致受傷。適合於搞接待業。

偏財—印綬
無論是工作、家庭以及健康方面都很不錯。是一種沒有任何煩惱的且能夠平穩地過日子的幸福之星。尤其是可以在工商界謀求發展。

偏財與十二運的運勢

現在，我們就來看看偏財跟十二運的關係。這也是指偏財爲四柱上面宿命星的組合。

具有偏財—印綬組合的人，
可以在工商界獲得發展。

偏財—長生　能夠受到親人的庇蔭。像蒙受祖父的恩惠，獲得妻或者妾的幫助。繼承父親的財產發展事業，從平時親近的人家那兒獲得妻子等等。

偏財—沐浴　很多人在父親被捲入某種事端時出生，如果日柱或者時柱有這種組合的話，在愛情問題方面會引起小挫折。健康方面也不怎麼好，因此要避免過勞，以免引起各種的疾病。

偏財—冠帶　不但有實力，運勢也很強盛，如果自己獨立去發展事業的話一定能夠獲得成功。尤其是婚後能夠獲得妻子有力的幫忙，自然就能夠加倍的發展。

偏財—建祿　你本身或者父親會到國外。結果呢？一旦父親的事業有所發展，你也可以承受他的恩惠而謀求發展。男性在甲日或者丙日出生（日柱上段的文字為甲或者丙）的人，可以從家境相當好的人家獲得妻室。而且，本人的身體也很健康。

偏財—帝旺　你的父親雖然沒有達到暴君的地步，但是很專制。他的事業雖然很發達，但是會一直緊握著財產不放，一直到他死亡為止。具有他血統的你也如同一轍，一面發展你的事業，一面緊握著財產不放，一直到歸西為止。

偏財—衰　雖然生於幸福的家庭，但是生活會越過越苦。如果四柱裏有正財、食神幫助的話，一旦變困難以後會很快就會欣欣向榮。健康方面很少有疾病相侵，可獲得長壽。

偏財—病　乍見之下似乎很虛弱，事實上却相當的強健。四柱裏有食神或傷官的話，就可以碰到財運。

偏財—死　不是跟父親早早就離別，就是跟父親的想法格格不入，以致心靈上不能獲得投契。健康方面也不怎麼良好，應該多多注意。

偏財—墓　離開家鄉的時候很多。無論是男性或者是女性身體是很強健的。雖然沒有很輝煌的成就，但是只要贏得周圍人的信用，就可以有一番做爲。

偏財—絕　很可能早期就跟父親生離死別。父親雖然能夠享長壽，但是晚年會以不幸告終。男性的健康還算不差，女性的話則身體不健康，時常有毛病。

偏財—胎　在父親還沒獨立時呱呱墜地，一生不會遭遇到什麼事故，平平穩穩的渡過。

偏財—養　父親是養子，你本身也有被人收養的傾向。而且在創業方面非常的努力，一心一意的蓄財。身體強健而享長壽的人很多。

♡偏財的愛情指南

命運公式中具有偏財星的女人，最適合於跟做事認眞，脚踏實地的男人配對。尤其是對方的中心星爲偏官或正官的話，那就是天作之合了。

以偏財爲中心星的女性，四配比肩或偏印爲中心星的男人的話，將感覺到格格不入。

女性的偏財同柱之中有十二運「衰」的人，很可能早早就跟丈夫死別。

有「偏財—刼財」組合的人，難於避免再婚。

「偏財—偏官」同柱的人，暗示著跟妳訂婚的男人，還有另外一個女人。妳最好多多注意他的生活。就算是結婚以後，如果妳不接納他的想法，就很可能步上再婚之路。

有「偏財—長生」的女性，四柱找不到官星的話，就可以跟人人羨慕的男性出雙入對。

有「偏財—冠帶」的女性，四柱找不到比肩的話，就可以跟很不錯的男人配對。

以偏財爲中心星的男性，一般說來，用錢總是比較浪費，以配合節儉的女人最好，尤其是以正官爲中心星的女人最爲理想，而以偏印或比肩爲中心星的女性最好避免。偏財星是相當「花」的星，就算是結婚以後，仍然有愛其他女人的傾向，由於跟女人之間的桃色糾紛，家庭會不停的引起風波。

四柱有「偏財—食神」，「偏財—偏財」，或者「偏財—正財」的組合的話，則無論是在金錢運或女人運方面都是得天獨厚，如果四柱再有正財或者偏財的話，則說不定會遭遇到「色難」。

以偏財跟十二運的關係來說，「偏財—冠帶」的組合，暗示娶妻以後運勢會轉好，福田赳夫就有這一柱。福田氏能夠爬到首相的地位，他妻子在暗中幫助的功勞是不可沒的。如果有「偏財—病」的組合，那就能夠從社會地位高的人家獲得妻室，可惜妻子卻很孱弱。

6 正財——踏實與正直之星

正財具有何種的基本運呢?

「正財」是跟「偏財」相對的,偏財表示「偏頗」的「財」,也就是一時或偶然地獲得的錢財,而「正財」却是靠著自己的勞心勞力,正正當當地獲得之錢財。

這個星在四柱中,尤其是在月柱下面,也就是以它爲中心星的人,乃是最適合於蓄產的人,也就是說很重視信用,厭惡以不正當的手法賺錢,是喜歡正面堂堂地做事的人。

美中不足的是,在愛情問題方面會產生糾紛。除了這種愛情方面的危險以外,凡事都以正直的態度應付,不會在暗地裏搞鬼,因此以職業方面來說,當以不必討價還價的工作最爲合適。例如:收款以及秘書的工作最爲合適。至於競爭性激烈的工作是很不適合的。

正財雖然表示著人類生活不可或缺的金錢,以及物質之類,然而,亦可以反過來說,由於錢財太多,叫人無法消受。正財原本是很好的一個星,然而太多的話,是不會受到歡迎的。不但意味著不能活用財產,甚至會演變成痛苦之源。打從往昔以來人們就說「財星多,就等於貧窮的人住進富人的屋子」或者「雖然家裡很富有,但是內心却貧乏」。

正財與正官是一對好星,如果雙臨年柱或者月柱的話,那一定是生於財閥之家,日柱與時柱有此種組合的人，表示自己獨立建立財富。

年柱、月柱雙方有正財的話，表示將繼承他人的名望，也就是能夠獲得他人的名望與財產。月柱有正財的話，就好像此星所含的意義一般，乃是努力工作的人，努力本身與運勢直接關連。

時柱有一個正財的人，將能夠受到妻子的庇蔭，工作方面也可以進行得很順利，只是性情方面有點急躁。

據說，有正財與印綬的話，將屢遭不幸，不過，正財是中心星的話則另當別論，甚至可以招來福祥。

我在前面已經說過，宿命星之間的關係亦有各種不同的作用。例如：對正財來說，比肩與刼財，尤其是刼財具有「威脅財星」的作用，是故，一向最不受歡迎，然而，正財太多的話，刼財反而能夠發揮抑止的作用。除此之外，像日柱太弱的話，它又能幫助日柱。逢到這種場合，就不能把它當成凶星看待。

如果中心星爲正財，而且月柱中段又屬於辰、丑、未、戌的任何一個的話，那麼，此人一定是很吝嗇的傢伙，他是絕對不會把東西送給別人的，當然也不會捐款做好事。儘管如此，他却會在暗中養小老婆，使妻子的精神感到分外的痛苦。

我本人的命運公式正是如此，爲了家庭裏不起風波起見，我每天都小心翼翼的，不敢有所疏忽。

原本，正財是嚴謹坦直之星，想不到也具有這一面，可見一個人並不單純，而是很複雜的。由於正財是表示正妻之故，假如正財那一柱有強力的十二運，或者另外還有一個正財助長氣勢的話，將獲得妻子的幫助，或者受到妻子的影響，使得生活份外的幸福。

如果日柱沒有強力的十二運，那麼，妻將奪夫權，效法河東獅吼，將毫不留情的掌握家庭大權。

那麼，我們就不妨來看各種的例子，首先，我們來談論正財爲日柱宿命星的場合。日柱下面的干，對男性來說，乃是意味著妻之座，正財在此是最理想不過了。這麼一來，妻子與你本身的力量能夠保持平衡，自然就能夠信心十足的迎向人生。

不過，這個時候，除了日柱的正財以外，四柱某處有暗示小姨太的偏財的話，那就有麻煩了。起初，深夜回到家的丈夫將跟妻子吵嘴，繼而丈夫外宿，甚至分居等，夫妻之間形同陌路。

有這個正財的柱，如果與日柱之間有了「支合」的現象，夫婦倆是能效于飛之樂的，假如與日柱之間發生刑、冲、破害的話，丈夫跟妻子就要同床異夢了。又如：正財的柱跟日柱以外的柱有「支合」的話，妻子就會有外遇。

6 正　財

正財重視信用，爲正直坦誠之星

正財與十二運的「墓」在同柱的話，就可以建立不少的產業，而且，可以在妻子協助之下，把這分產業留存下來。

正財與「咸池」在同一柱的話，就會沈溺於女性關係，物質方面也講究排場，喜歡使用奢侈品。如果正財與「驛馬」在一起的話，妻子就是賢慧的夫人。

正財爲中心星，完全沒有刑冲破害、空亡，十二運又很強盛，諸如這種的情形，幾乎是看不到的。

正財與其他宿命星的運勢

現在，我就要說明正財與其他宿命星的關係。這也是指正財爲四柱上面宿命星的場合。

正財—比肩 爲了兄弟的事業耗財，或者爲了經營分店，支出了一筆可觀的經費，不然就是你本身要離開家，做別人的養子、養女。然而，這並非壞的現象，因爲這些都是對你有益處的，可說是幸福的組合。

正財—劫財　爲兄弟姊妹，或者爲他人做保證人而受到連累，或者借了錢給別人却是收不回來。妻緣方面也不怎麼好，甚至要受到伯父伯母的照顧呢！無論是男人或者是女性，最好選擇不必直接跟人接觸的事業。最好學一種賴以養家活口的技術。

正財—食神　這是無可挑剔的良好組合。無論是工作、家庭都很順利、幸福。女性的話，生下子女之後，更能夠享到幸福。這種組合可以在成功的實業家命式中看到。

正財—傷官　這是浮沈都很激烈的組合。當自己的財產差不多耗盡時，他人的失敗會變成你的成功，而再度獲得錢財。從外表看來似乎運氣不好，實際上却是能夠利用職業方面的體驗，使自己的生活充足。

正財—偏財　以男性來說，這是典型的妻妾同居的形態。能夠如此做，當然是有相當的經濟能力以及桃花運。金錢的出入很多，一種事業不能使當事人感覺到滿足，往往會巧妙的經營，使事業更形繁榮。女性的場合，亦可以獲得可靠的郎君，自己又屬於行動派，因此可以牢牢的抓住男人。

正財—正財　無論是女人緣、金錢運都非常的好。賢妻良母型的女人會陸續的在你面前出現，使你目不暇接，但是你不會因此而吃虧。得到唱片大獎的布施明就有這種的組合，這正好證明了他很受到女性的歡迎。不過，正財兩個重疊著出現時，力量是很強烈的，因此，它們會抑制生出日柱（本人）的印綬，以致，很可能早年就跟母親死別。同樣的，它們又能洩掉「食神—傷官」（對女人來說，意味著子女）的力氣，當然就跟子女沒有什麼緣分了。

正財—偏官

雖然在工作方面時常耗費金錢，例如：婚喪喜慶紅白帖子方面的開銷，時常請部屬喝酒等等。然而，却能夠廣受到世人的信用，自然也就能夠獲大利。正財會變成你的守護神，使你成爲前途無量的薪水階級。以女性立場來說，這是爲男性鞠躬盡粹的典型。不過，這並不像用水去澆沙漠，而是有如老練的護士去援助實習醫生一般，末了有情人終成眷屬，是不會白白浪費的。

正財—正官

這是最爲理想的組合。不但在經濟方面得天獨厚，在社會上亦有崇高的地位。爲人很誠實，所以會受到上司的賞識。女性的話，將會碰到再理想不過的對象，兩人共同致力於建立幸福之家庭。名演員三波伸介與名作家五木寬之都有這種組合。五木寬之靠一支筆奠定了他在文壇的地位，而三波伸介的誠實人品，連透過螢光幕也可以感覺得到。

正財—偏印

很善於接待別人，以及驅使人，絕對不會得罪人。尤其是可以獲得有力者的援助而獲得成功。往往能夠靠本業以外的工作獲利。以職業方面來說，像必需接待客人的飲食店、演藝人員等是很適合的。具有這種組合的竹脇無我，可以說是最好的典型。

正財—印綬　這兩個星是水火不相容的。在事業方面創下還算不錯的實績，想不到最後却被扯了一下後腿，以致前功盡棄。到了這時，總是會感覺到萬分遺憾的說，只差那麼一點點就成功……甚至咬牙切齒了起來，其實，這種挫折的懊惱是不宜拖下去的。乾脆看破它也是人生積極的智慧。由於表示妻子的星與暗示母親的星對立之故，在家庭方面也遭受到歧視或欺凌。以職業方面來說，不宜從事跟他人直接接觸的工作，而最適合於從事閉門自做的自由業，以及沒有激烈競爭關係的小店。以女性來說，結過婚以後，必需努力抑壓自己。這種組合的女性本來就很聰慧，當然是可以輕而易舉的辦到的。

正財與十二運的運勢

接著，我們就來看看正財與十二運的關係。這也是指正財爲四柱上面宿命星的場合。

正財—長生　生於有名的富豪或者家世顯赫的人家。暗示著可以跟美好女人雙宿雙飛，尤其是日柱上段為甲，或者是丙的人，更能夠因妻而步上幸運之途。丁日生的人，將由長輩們湊合親事。女性的話，亦可以獲得可靠的郎君。

正財—沐浴

無論是男性或者女性，都有碰到上昇機運的時候，然而在只差一步就成功時，往往會遭受到挫折。年輕時家運會衰退，也可能因妻子而蒙羞。如果有增強正財的食神或傷官存在，凶的暗示就會消失。女性的話，特別要注意到離婚。

正財—冠帶

生於業務繁榮的名望家，成功與名利能夠雙收，乃是一種超群的組合。只要命運公式中沒有刼財、刑冲破害、以及空亡，就可以賺取一筆很可觀的財產。女性的話，結婚後就可以開運。健康方面來說，日常是很強健的。不過由於喜歡走極端，做事是非精疲力竭不肯罷休，遊樂時也非到天昏地暗的地步不可。這些都有害於健康，應該多多注意才是。

年柱有這種組合的人，男人的話，在渡過中年期後，往往會再來一次衝刺，女人的話，過了五十歲以後，可能再結婚一次。

正財—建祿

生於相當顯赫之家，本人會在先天的好條件下，再加上自己的努力，在自己那一代創下更輝煌的成就。很喜歡挑大規模的事業或業務做，其實，最好是自我節制一下，若有了八成的成功就不要貪得無厭了。賢淑的妻子也可以幫你大忙，石原裕次郎就有這種的組合。女性的話，將會嫁到社會及經濟地位勝過娘家的名門。而且，往往會受到婆婆的良好影響。

正財―帝旺

生於相當顯赫的家門，再靠本人後天性的努力，將站立於萬人之上。只是妻星的正財太旺盛之故，不是妻子比他年長，出生比他更良好，就是暗示入贅富家。具有此種組合的女性，往往會處處顯得比丈夫強，最好使自己的行動保守一些。同時，「娶」丈夫的例子也不少。

正財―衰

就跟字面上的意義一般，本來是生於經濟方面得天獨厚的家庭，但是自從本人生下來以後，家運就逐漸的衰退了。如果命運公式有食神或傷官的話，就可以挽回衰運。這種組合的男人，往往會娶離過婚的女人爲妻。

正財―病

本來生於相當馳名的財閥家，然而到了中年時期家運就會開始衰退。日柱上段爲甲，或者丙的人，將入贅女家，而日柱爲乙，或者丁的人，妻子有相當的財產。

就有如「病」這個字所顯示，你可要小心疾病的侵襲。一旦疾病入侵，拖延的時間比你想像的長久。以女性來說，嫁到夫家以後，因公公罹病，暗示要長期照顧他。

正財―死

幼年時家裏雖然有很多的錢財，然而，本人却無福消受這些錢財。如果命運公式裏有偏財、食神或者傷官的話，就可以避開這種危險。日柱上段爲甲，或者是丙的話，將會受到妻子的庇蔭。日柱上段為乙，或者丁的話，妻運就不好了，其餘日子出生的人，妻子的身體衰弱，反過來說，再婚的妻子卻有很好的身體。

以女性來說，最好跟勤奮的男子結婚，婚後對婆婆要順從一些，儘量的對她表示孝順，如此家裏才能顯得融洽。

正財—墓

往往是生於靠儉致富的家，雖然會經過幾番波浪，到頭來還是可以擁有財產。一般說來，這種組合的人非常節儉，他（她）們不重視華麗的打扮，叫他買一條新領帶，他却寧願把那些錢存下來，望著儲金簿上逐日增多的錢財感到樂不可支。日柱上段為丙，或者壬的人，可以娶到富有經濟頭腦的妻子，日柱上段為甲的人，則跟妻子很恩愛。

日柱為乙或是丁的人，可能早早的就跟妻子死別。這以外日子生的人，妻緣並不太好。這種組合的女性，因夫運不佳，時時會易人而婚。在金錢方面是不會匱乏的，這一點大可放心。

正財—絕

雖然生於良好的家庭，然而從幼小時期家計就會轉為困苦。在這種場合，日柱上段為庚、辛、壬、或者癸的人，可以娶得經濟良好人家的女兒為妻子。在乙日，或者丁日出生的人，跟妻子死別的機會很大。如果是甲日或者丙日生的人，則不能跟妻子和睦的相處。

正財—胎

在此人剛生下不久時，家庭的運勢就會轉盛，本人也能夠在將來享受到幸運。日柱上段爲乙或者丁的人，妻子的健康雖然不怎麼好，但是這以外日子生的話，即可以從幸運的人家娶得妻子。女性的場合，可以匹配很好的丈夫，然而，在內心裏，總會感覺有一點點的美中不足。

正財—養

生於幸福的家庭，可以逐漸的獲得發展。乙日或者丁日出生的人，妻子的娘家會逐漸的衰退。如果是這以外的日子出生，則可以從幸運的家庭娶得妻子。

♡正財的愛情指南

錢財雖然是很貴重之物，然而過多的話，反而會帶來不幸。這是跟偏財相同的。對女性來說，正財也可視之爲婆婆、伯父伯母等。是故，命式裏有三、四個正財的話，婆婆就會嘮嘮叨叨，叫人很難於跟她相處。

以正財爲中心星的女性，雖然看起來莊重，但是，還是跟脚踏實地值得信賴的男子婚配比較好。尤其是中心星爲偏印，或者食神的男性，跟妳的緣份最好。反過來說，緣份不好者，就是以刼財或者印綬爲中心星的男性。

四柱有一個正財、一個正官，以及一個印綬的女人，一定是才智兼偏者，無論是在何種的群體中都能夠顯眼，然而，正財與印綬過多的女性則會陷入肉慾的泥坑裏。

正官或者偏官在某一柱的女性，可以跟溫和的男子結爲夫婦。

有「正財—長生」的女性，能夠嫁到如意郎君，而過著鴛鴦交頸般的美滿生活。然而，四柱裏有正官、偏官，以及傷官的話，則反而不好。

「正財—冠帶」的女性，總是會被渾身充滿了幹勁，但是缺乏溫柔的男人愛上。如果四柱有刼財就不好了。

「正財—帝旺」的女人，不是去收養孩子，就是跟丈夫死別以後，自己親自理家。

對於中心星爲正財的男性來說，當以大而化之，身材豐滿的女性比較合適，以宿命星來說，當以中心星爲食神的女性最爲理想，而中心星爲印綬或刼財的女性，則以避開比較好。

四柱有正財與比肩、正財與食神，或者正財與正財的組合的話，總是會有很好的桃花運，無論走到那兒，都有女性跟著。如果是正財與偏財的組合，那就有引起桃色糾紛的危險。又如「正財—刼財」的組合，那就要耽心妻子的疾病，以及離別之苦。

7 偏官——野性與頭腦之星

偏官具有何種的基本運呢?

我每次提到宿命星的偏官，就會連想到強大的力量。其實，偏官並不一定表示強力的運勢。偏官欲發揮作用，仍舊需要有條件。自古以來，偏官就號稱宿命星中最著名的刁徒。

在電影、電視連續劇中，時常有所謂的反派角色登場。尤其是在古裝劇裏，好人與惡徒的界限非常的分明，主角總是好人(正派角色)，而危害主角的人一定是歹徒(反派角色)，這些似乎成了法則。而且，編劇爲了使好人顯得更突出，總是把所有的劣點都集中於歹徒身上。

叫人感到不可思議的是:受著「不誠實而正直是不會成爲偉人」的價値觀支配的世界裏，此種歹徒角色所具有的幹勁，反而叫人感覺到痛快。

或許，它是推翻了樸直的道德律「只有受到人尊敬者才能成爲偉人」，才能夠使人感覺到痛快吧!事實上，一個人不具有相當的「惡」，是無法在這個世界生存的。

偏官就好像這種歹徒，不問是男性女性，都欲以頑強的手段使對方屈服，或者驅使權謀詐術，以便在世界站得住脚。

又如:一想起了離奇古怪之事，就立刻想把它付之實行等等，跟同樣是官星的正官比起來，實在有很大的不同。正官顯得穩健，而偏官却充滿了野性。

到了亂世，偏官就能夠發揮它眞正的價值，顯得活潑而充滿了生氣，這就是此星的特徵。大體上所謂的「官」也者，乃是站於約束萬人的立場。如果我們把正官比喻爲公司的幹部，以及政府機關的人員，那麼，偏官就會使人連想到法律外的組織，也就是俠義世界的英雄好漢。這些法外的英雄好漢急躁，很喜歡動武，但也有心軟易掉淚的時候。

喜歡比較高低，權力欲旺盛，意氣軒昂，不沈溺於酒色，我們如此想像的話，它很自然的就會演變成英雄豪傑的姿態。

不過，並非所有的人都能變成英雄豪傑，尤其是偏官的場合，其條件是很嚴厲的。

這個星是粗暴而好動的，因此必需抑壓它強烈的作用，或者把它的精力引導至有效的方向。只要這麼一做，這個星的良好一面，也就是強勁、機敏、聰明、行動力等，就會很有效的被發揮出來，形成異乎尋常的發展。

能抑制偏官的作用者爲食神，而能洩偏官的精華者爲印綬。

也就是說，以食神抑制偏官的偏激，以及急性，不然的話，亦可以增強印綬的作用，以便洩掉偏官的精華，這麼一來，受人厭惡的孩子就會被控制，而被塑造成良好的領袖人物，或者有爲的人材。

7 偏　官

不過話又說回來了，就算有了食神，但是爲數太多，或者有食神的敵人偏印的話，那就要招來禍害了。

在文化方面以及運動的領域來說，偏官是一個良好而又合適的星，如果再有文筆之星印綬的話，那就不難成爲豪放的學者。反過來說，如果食神過多的話，頭腦就會遭受到控制，以致不能求發展，或許，會終其一生爲貧乏的學者呢！

同時，偏官也喜歡跟羊刄同柱。只有偏官暗示著空擺威風，跟羊刄在一起的話始能夠獲得別人的尊敬，才能夠做爲人上人。

通常，四柱最不喜歡刑冲破害。然而，只有以偏官爲中心星的場合例外。這時沒有食神的話，冲也能夠發揮出抑制力。

然而大致地說來，以偏官爲中心星的人，並不喜歡過穩健而常態的人生，就是以職業來說，也喜歡選擇威壓人的軍官、政治家等。

如果，偏官跟偏印在一起的話，那就會選擇學者、教育家、宗教家、醫師、法律家、藝術家等非生產性的自由業。四柱沒有任何的正官，而只有一個偏官的話，這一定是很聰明的人，以選擇用頭腦決勝負的工作最理想。

偏官最不喜歡跟正官混雜在一起，因爲對女性來說，正官表示丈夫，而偏官却是在黑暗中的

7 偏　官

偏官是動輒就要吵架，容易流淚的星

男人，也就是丈夫以外的男性，當然就不喜歡兩個星搞在一起了。

以男性來說，偏官也是孩子，然而却跟同樣表示孩子的正官不同。偏官表示養子、女孩子、以及繼子，單憑這一點就不喜歡跟正官混雜在一起了。

時柱只有一個偏官的話，表示這個人頑冥不靈，個性又強烈，是不會有男孩子的。如果有食神的話，中年以後會獲得優秀的孩子。

雖然同樣是孩子，偏官乃是意味著女孩子，因此偏官多的人，總是以生女孩的機會比較多。

時柱有偏官的人，一般說來，子女緣很薄。雖然跟子女的緣分很薄，但是能夠在文學、藝術的領域不斷的求發展，藉此在人世揚名。

就算偏官與正官同柱，只要有天乙貴人的話，就不難成爲學識淵博的博學家。

偏官跟偏印在同一柱的人，喜歡時常旅行。因爲它含有到處走動的意味，於是就被解釋爲喜歡旅行了。由此可推測，此種人喜歡做藝術家、學者、占卜家等不願受到時間與規則所束縛的職業。

偏官與其他宿命星的運勢

我們就來看看偏官與其他宿命星的關係吧！這是指偏官爲四柱上面宿命星的場合。

偏官—比肩　往往會受到家屬或者其他人的連累。例如被牽連到詐欺罪，或者遭遇到竊盜等。時常有黃燈跟隨著你，因此要格外的小心才是。

偏官—劫財　不是因幫助他人而以失敗收場，就是受到旁人的阻礙。總之，往往會遭受到雙重的損害。既然有這種的暗示，焉能不小心呢？

偏官—食神　大致說來，還能夠平穩的過日子，亦可以在社會上建立相當的地位，然而却是很容易傷到部下或者子女的運勢。以職業方面來說，當以從事銀行、保險等的金融關係企業比較合適。

偏官—傷官　很容易跟他人之間引起衝突，玩弄計策而遭受到失敗。尤其是跟上司之間更會顯得格格不入。四柱某處有印綬或羊刃的話，就可有異乎尋常的發達，乃是偏官最典型的組合法，意味著可獲得堅實的職業。

偏官—偏財　大量使用人以維持一個家，就是這種組合具有的性格，是故，以選擇包辦性的工作最好，同時也要努力的幹下去。只要在愛情問題方面小心一些，一切都會進行得相當順利。

偏官—正財

爲了他人不惜出錢出力，是具有強烈俠義感的人。工作運良好，子女的運勢會在暗中發生作用，使你能夠享受到幸福的家庭生活。

歌手美空雲雀就有這種組合，這表示她很有器量。別人拜託她的事，她從來就不會拒絕。

偏官—偏官

屢次會受到他人的連累、妨害等，使你感覺到不勝其苦。同時，子女也夠使你操心。與其選擇外向性的個人事業，不如去當一個堅守崗位的公務員。

偏官—正官

官星最不喜歡同時出現於一柱。因爲這表示做事猶豫不決，難以下決定。生活方面也時時有浮沈。有正官在柱上，看起來似乎是生活風光，實際上在經濟方面却顯得拮据。

總之，最好選擇目標業已決定，每一天的預定不致於變更的固定工作。

偏官—偏印

由於必需照顧人，或者時常跟尊長衝突，凡事都不能進行得很順利。爲了獲得比較多的機會，最好多聽聽別人的意見。然而，亦有人反過來利用這種「個性」，藉此獲得成功。

女性往往會跟收入少的男性結婚。無論是男性或者是女性，皆不適合於搞合夥的事業。

偏官—印綬

以偏官來說，這是最理想的一種組合。頗有聲望，周圍的人都會擁護你，能夠輕而易舉的獲得幸福。然而，這種組合的人，並沒有很大的欲望。因此，並不重視物質方面的享受，而醉心於名譽的獲得。

偏官與十二運的運勢

現在，我們就來看看偏官跟十二運的關連，這是指偏官爲四柱上面的宿命星之場合。

偏官—長生

就算你出生於不良的境地，亦可成爲人上人，這是你的運勢很良好之故。你跟子女的緣分也很好，畢生都可以享受到幸福的生活。

偏官—沐浴

生活辛苦，萬事顯得不調順，動輒就會遭受到挫折。以健康方面來說，是稍爲虛弱的典型，不過，只要稍加注意，就不難享受長壽。

偏官—冠帶

性情雖然有點古怪，但是忍耐心却是很強，無論是什麼事都想靠自己一個人完成，可見獨立心是很旺盛的。就是因爲如此，總是會離開生身之家。

偏官—建祿

這一種組合的人，很不情願委身於人下。健康方面一向良好，可獲得成功。生於代代號稱名家的望族，雖然自己無意沾祖先的光，但是周圍的人却會推舉你，擔任重要的職位，往往會集衆人的尊敬於一身。在社會上，自然就能夠佔相當的地位。

偏官—帝旺

本人雖然具有實力，樣樣都不會輸給別人，但是脾氣古怪，又不喜歡處於人下，從最基本處做起。所以，往往在差一步就成功時，遭受到挫折。外表看來似乎強壯，但却是虛有其表罷了。

偏官—衰

多數這種組合的人皆是在家庭衰微時生下來的，自己本身也要經歷種種的勞苦。別人的失敗往往會波及你，以致被驅入苦境。不過以健康方面來說，却是相當不錯的。

偏官—病

這種組合表示一生多浮沈。最好脚踏實地的過日子。

偏官—死

這種的組合，並非由於自己失敗，而是受到公司業績不振，或者上司的失敗所牽累。

偏官—墓

生於薪水階級之家，一生都有浮沈，結果還是會歸於衰微。跟子女的緣分也甚薄。

偏官—絕

這種組合的人，跟子女的緣分太薄了，實在叫人耽心。亦有子女早亡故的暗示。

偏官—胎　父親受到了周圍人的提拔，事業方面逐漸的發展，你就是在這時出生的。而從這個時期起，你也逐漸較爲幸運。

偏官—養　生於受到上司矚目的薪水階級之家，日後，本身也會做爲一個薪水階級。而且你的努力是會有結果的。

♡偏官的愛情指南

無論怎麼說，偏官是一個很強烈的星，對於婦女來說，乃是代表著丈夫以外的男性，因此妳要有心理準備，那就是容易在愛情方面引起問題。

中心星爲偏官的女性，最好選擇腦筋靈活的男性爲配偶。尤其是跟中心星爲印綬的男人最爲合適。相對的，如果是中心星爲比肩或者食神的男性，那就有時常發生衝突之慮。

偏官爲中心星而月柱有長生的話，往往是會嫁給正派家庭的男性爲妻。

四柱多見偏官與正官，或者同柱分別有正官與偏官的話，那麼，一定是到處留情，愛情關係複雜。而且，往往會有再婚的可能。

如果這種正官、偏官混雜的命運公式，又有了三合之現象的話，將沈溺於肉慾裏面無法自拔，以致，沒有正式的結婚。

四柱有五個偏官的女人，暗示著她將以SEX爲職業，也就是從事色情交易的意思。女性的命運公式中，最好是只有一個正官，或者是一個偏官，如此結婚運才會良好。

同柱有偏官與正官，四柱某處又有比肩，或者刼財的話，姊妹將同時爭奪一個男人。

「偏官—刼財」、「偏官—正官」的女性，再婚的例子相當多。

「偏官—印綬」的組合，表示男性運很好，婚後亦能夠跟婆婆圓滿的相處。

「偏官—長生」的女性，丈夫緣總是很好，萬一並不怎麼好，再婚後一定能過著幸福的生活。

「偏官—絕」的組合，表示結婚後，將要跟丈夫生離死別，或許會再度的結婚。

「偏官—胎」的女性，結婚以後，夫家就會逐漸的興盛。

以偏官爲中心星的男性，總是很容易動情，而且一動情就會「堅定」不移。這種男性跟稍帶冷漠，氣質好的女性最爲配合。尤其是以印綬爲中心星的女人最佳，最好避開以比肩或傷官爲中心星的女人。

8

正官

——信用與温文爾雅之星

正官具有何種的基本運呢?

這個星表示重名譽與信用的「官」之地位，意味著以組織的一員，擔任重要職位。撇開這些不談，正官也是重視規律與節度之星。

身處於組織裏面，能夠牢牢的抓住組織的性格，遵守著其路線活躍。

由於具有一種「上面決定的事，非照單實行不可」的性格，絕對不會給周圍的人添加麻煩。因此，一直會被當成幹練的人材，而倍受重視。

尤其是有印綬或者財星在一起的話，就能夠直步青雲，在官界、財界揚名。

正官是律己之星，因此，以擁有一個最爲理想。如果一個命運式裏有好幾個的正官，就有如一國有好幾種憲法，或者公司有好幾個經理一般，叫人不知道何去何從?規律嚴正的特性就會無形中消失了。

當我看到了只有一個正官的命運公式，總是會認爲他(她)是美男，或者是美女。他(她)不但是腦筋靈活，外表長得姣好，就連發出來的聲音也很悅耳。可能家世也很不錯，性格方面也很溫柔。就算不是長得很俊俏，一定有特別吸引人的地方。

8 正　官

正官是在組織之中活躍的星

一柱裏面的宿命星，兩個都是正官的話，力量就會倍增，產生更良好的效果。然而，如果命運公式裏有三個以上正官的話，它們就會變化為偏官，以致，有家計並不豐裕的惡劣暗示。

正官最厭惡偏官跟它在四柱中同柱。因為這種的組合暗示著——引起某種障礙。逢到這種場合，最好有食神或傷官出現，以便解消任何一方的作用，或者乾脆把偏官與正官的作用都解消掉。

正官也害怕傷官在四柱出現。顧名思義，傷官是傷害正官之星，逢到這時，如果有印綬抑制傷官也可以。同時，印綬也能夠使正官的作用「功德圓滿」，乃是使正官開花結果的吉星。然而，正官過多之時，却又不得不借用傷官的抑制力。當然啦，亦可以利用印綬，使正官吐出它多餘的精華。

正官可根據它出現於某種的五行，適性也會跟著改變。

例如：以木為正官的人，也就是日柱上段為戊，四柱的某處有乙的人，或者是日柱上段為己，四柱某處有甲的人均是。這種組合的人，人格高潔，為了能夠與社會取得調和，不惜抑壓自己。可說是類似行政機關式的性格。

以水（月柱上段為辛，四柱某處有丙，或者日柱上段為庚，四柱某處有丁）為正官的人，性格比較暴躁，看到了壞人是不能保持緘默的，好比是嚴峻的審判官。然而，這種性格增強的話，最好選擇競爭少的職業，例如文化敎育界。

以土爲正官的人，也就是說，日柱上段爲癸，四柱某處有戊的人，或者日柱上段爲壬，而四柱某處有己的人，乃是具有穩重的氣質，而做人方面很正直。做各種方面的工作都很適合，尤其是農林、土木關係方面更好。

金爲正官的人，也就是日柱上段爲乙，四柱某處有庚，或者是日柱上段爲甲，四柱某處有辛的人，乃是一刀兩斷式的性格，也就是處理起每一件事情來都很乾脆，經濟觀念也旺盛。對於這種人來說，擔任防衞警察、防衞人員，或者財政方面的工作最爲合適。

以水爲正官的人，也就是日柱上段爲丁，四柱某處有壬，或者日柱上段爲丙，四柱有癸的人，就好像不會逆水一般，爲人很溫和，富於理性而又嫻雅。對於這種人來說，工商業方面都很適合，尤其是在智慧領域的工作的話，更容易獲得水到渠成的效果。

正官既然是被當成親生的兒子，那麼，它很自然的就被認爲是代表繼承的星了。年柱有正官的人，也就是繼承家業的人，亦是長男。

月柱爲看兄弟之柱，這裏有正官，也就是繼承之星的話，意味著兄弟將繼承家業，命運式的本人是不會繼承的，也表示本人是弟弟的意思。

命運公式有正官的女人，將有很良好的丈夫運，也就是說跟丈夫的緣分良好，能夠鶼鶼鰈鰈的白頭偕老。

男性的命運公式有正官的話，亦可以從良家娶得妻室，一生中能受到妻子有力的幫助。

以女性來說，正官與偏官同時出現於命運式的話，丈夫以外的男人會介入，也就是暗示著三角關係，不然，就是這個女人不能以一個男人感到滿足，乃是相當淫的人。

命式中有很多的正官，正意味著可做爲丈夫的男人很多。當然啦，對男性來說，並沒有什麼不利之處。然而，這種女人的愛情不會專一，如果要跟她結婚的話，那就要愼重的考慮了。

正官與其他宿命星的運勢

現在，我們就來看看正官與其他宿命星的關係。這是指正官爲四柱上面宿命星的場合。

正官—比肩　繼承財產、權利時，不是繼承他人家庭的財產，就是繼承兄弟的家。可以站在萬人之上，從事於驅使腦力的工作。

8 正　官

同時有正官偏官的女性，只有
　　一個男人是不會感覺到滿足的。

正官—劫財 因爲使長輩受損，或者連累到長輩，是故，不適合於做薪水階級的人員。同時，亦要多多注意愛情方面的問題。

正官—食神 可以受到周圍人的提拔，業務可因此發展，地位也會跟著水漲船高，子女運很好。

正官—傷官 在繼承方面會發生問題，而且會受到他人的連累，家屬也會時常給你添痲煩。

正官—偏財 你爲尊長盡的心，將受到回報，尊長會因此提拔你，使你平步青雲。亦可以受到父親很多的恩惠，可說非常的幸福。

正官—正財 無論是在經濟方面，或者是在精神方面，都可說是得天獨厚的幸運者。不過，不要因身處幸運中而得意忘形。

正官—偏官 做起事來都會猶豫再三，遲遲難以下決定。是故，不適合於速斷速決的事業。可以大展鴻圖，獲得尊貴的職位，站立於萬人之上。作家的司馬遼太郎就有此種的組合。這種雙重正官的組合表示可以走很多的棋，意味能夠在作品裏，驅使衆多的人物，做一個異常成功的歷史小說家。如果進入官廳做事，一定能夠迅速的昇進。

正官—正官 就是去當一名棋士也可以獲得空前的成功。只是這種組合有兩個正官，也就是重疊著一對繼承的星，可能在繼承問題上產生痲煩。

正官—偏印　受他人的幫助，搞起了與自己不合適的事業，結果是一敗塗地。這種組合的人，特別適合於接待業。

正官—印綬　爲了使正官的潛能儘量的發揮，這可說是最爲理想的組合了。每一件想要做的事，都能夠水到渠成，圓滿的成功，名聲也可以提高。

這種組合的人，如進入政府機構，尤其是業界指導或教育關係機構，即能使潛在的才能開花結果。

正官與十二運的運勢

正官—長生　此人的父親很誠實，他曾經扭轉過公司的危機，挽救上司的失敗，使公司再度恢復舊觀的人物。本人受到了父親德澤，一生將無災無難，幸福異常。

正官—沐浴　生於繼承方面有問題的家庭，這個家庭因繼承問題而屢次起紛爭。本人也有繼承方面的問題。乍見似乎是很康健，但是要多多注意保養。

正官—冠帶　這個人本身就很聰明，知書達禮，暗示著幸福與發達。

正官—建祿　出生於頗有禮教的家庭，是信望深厚的人。就算碰到了或多或少的壞運，但是很快的就能雲開見月，來日必定可以大展鴻圖。不過，時柱有這種組合的話，晚年很可能會衰退。

正官—帝旺 在適合於自己的職業裏，將以王者的身分君臨。子女運也很好。

正官—衰 雖然不能期待有天大的幸運，然而，由於性質溫厚，世人都會相信你。如果還有一個正官，或者一個財星的話，就能夠獲得進一步的發展。

正官—病 一生都是浮沈多的運勢。與其把一切都寄託在子女身上，倒不如培養另外一個人，以便萬一時，有一個人可以依靠。

正官—死 雖然有人會欺負你，但是勿因此而感覺到沮喪。只要自己不昧良心，孜孜不倦的埋頭苦幹，總有撥雲見日的一天。而且，人們的眼睛是雪亮的。

正官—墓 很可能會引起辱及祖先名譽的事件。你的外表看起來似乎虛弱，其實却是很健康的人。

正官—絕 這乃是一種多苦多勞的組合。好不容易繼承了祖業，却毀了家名，甚至被社會所埋沒了。子女緣也是非常的薄。

正官—胎 生身之家並不是顯赫之戶。然而，由於本人不斷的謀求發展，又有很多貴人肯提拔，到後來還是可以出類拔萃。如果一定要找出不利之處，那就是健康方面了。最好在平常就多多留意健康。

正官—養　穩健、細心、正直，無論是那一種性格，都是正官的持有者，可以站在萬人之上，是可造之才。

♡正官的愛情指南

對女性來說，這個星表示丈夫。是故，在命運式中只有一個爲最理想。太多的正官，或者跟偏官混雜在一起的話，則不是沈溺於肉慾裏面，就是容易在愛情方面引起麻煩，甚至還要再婚呢！

所以，命運式有傷官存在也不好，因爲，傷官會傷害正官。例如：破掉丈夫的好運勢，有了其他的男人，女性本身也會感覺到身心交猝而病倒，生活就會陷入不安之境。

正官爲中心星的女性，和認識一段時間的男人大體上能夠相處得很好。尤其是以偏財爲中心星的男性最爲合適。至於感覺到格格不入，好像交談不投機的對象，乃是以刼財或傷官爲中心星的男子。

正官跟長生或者建祿同柱的話，可以嫁給知識豐富而富有包容力的男性。

「正官—比肩」組合的女性，可以跟出身良好的男性結成白頭之約，亦可以做一名舉案齊眉的賢內助。然而，一切都要有分寸，如果妳處處表現得比丈夫優越的話，他是會自慚形穢的。

「正官—沐浴」的女性，夫婦緣似乎不怎麼好。不是使丈夫陷入不幸，就是丈夫變成放蕩者，因丈夫而吃盡了苦頭。

「正官—冠帶」的女性，跟大家都心儀的溫文男性有緣。

「正官—絕」的女性，將爲丈夫不斷的操心，爲他嘗盡了甜酸苦辣。而最叫人擔心的是，它暗示著跟丈夫生離死別。

以正官爲中心星的男性，最好與腦筋靈活的女人結成夫婦。爲了達到這一點，應當選擇以印綬爲中心星的女人最爲理想。

至於中心星爲傷官或者刼財的女性，最好避開。

正官的男人，大部分都可以獲得良緣，而且又可以獲得賢妻的鼎力相助。然而，四柱某處有「正官—傷官」的組合的話，將因妻子的長病而受盡折磨。

9 偏印——鬪志與表達之星

偏印具有何種的基本運呢？

偏印是智慧之星—印綬的兄弟星。有這個星的人頭腦非常的好。可說是聰明過度，而很善於策略的典型。因此，單是以尋常的方式使用頭腦是不會感覺到滿足的。然而，他並不喜歡憑著靈感去發明並製造出新奇的東西販賣，而是利用非生產性的一面，擔任學者、藝術家，以及宗教家等的職位，況且，這種傾向很強。

只要不虎頭蛇尾，把那種幹勁維持下去的話，無論是從事什麼職業，都可以獲得很好的結果。

偏印亦能夠制壓食神。因此，偏印又獲得了一個「倒食」的封號，也就是說，含有能夠打倒食神的意思。

總之，偏印是跟食神不共戴天的，它老是把牙齒磨得銳銳利利的，一等食神來，就要用它來打牙祭。

說得更明白一點，只要命式裏沒有食神，偏印就不會顯示出它激烈的作用，只要跟其他的宿命星保持平衡，就可以發揮出吉星的功能。

9 偏　　印

偏印暗示著能夠在非生產方面獲得成功

然而，食神是跟飲食有關係的一個宿命星。只有食神的話，可視之爲「貪吃」或者「大食客」，但是加上了偏印的話，就很可能因過食、過飲而罹患疾病。

通常，命運公式裏有食神的人，大部分的人都會顯得肥胖。然而，有時也可以看到臉色不好的瘦子。這也就是所謂的「瘦子能吃」，諸如這種人往往有偏印跟食神同柱著。

或許是胃腸被弄壞了。同時有偏印跟食神的人，在健康方面多多注意消化系統的疾病，以及血壓。爲什麼要耽心到血壓呢？因爲，肥胖型的人比較多的原故。

命運公式中有多數偏印的話，無論是男性或者是女性，很早就要跟雙親（父母中的一位）分別，而跟義父、義母有緣。然而，本人的子女緣却是很薄，到了晚年可能就要孤獨的生活。

命運公式中偏印多的人，不要一心一意想依靠子女，不妨結交一位個性忠厚，肯幫你忙的朋友，而跟他結爲莫逆交，並珍視這一分友誼。

只要沒有食神，偏印就不會發揮出它的凶暴性，就算是有食神，只要能夠把偏印封死就不會有災害了。只要用偏財攻它，或者有干合、空亡，以及冲的話，偏印凶暴的個性就會消失。

被去掉不好之一面的偏印，作用跟印綬沒有差別，表示有文才，溫文爾雅，可說是不折不扣的紳士、淑女。也就是說，宿命星的缺點會變成優點。

在評斷一個人的命運時，我最喜歡說的一句話是「盡人事而聽天命」。

一般說來，談及命運論時，人們就會消極而無可奈何地說「既然命運已經被決定，再怎麼努力也沒有用處了」。

的確，這種說法也有一些道理，然而「嗯……或許命運眞的是這樣。不過，我還是要盡力以赴。如果到頭來，還是照命運所暗示的那樣，我就認命了」諸如這種想法，也就是「盡人事聽天命」所含的意義。

我個人認爲：命運式所揭露者乃是一種的暗示。如果不去奮鬪，束手待斃的話，惡劣的暗示就會變成眞實。如果運用智慧，不斷努力的話，只能夠止於惡劣的暗示，而不會變成事實。而良好的暗示却能夠加倍的顯示出來。我長年從事占卜，所以能夠很肯定的說出這一點。

有如我在前面所說一般，有偏印星的人適合於非生產性的工作，以及自由業。

也就是很適合於擔任學者、藝術家、以及演藝人員。

偏印與其他宿命星的運勢

現在，我們就來看看偏印與其他宿命星的關係。這是指在四柱的宿命星當中，偏印爲上面宿命星的場合。

偏印—比肩 對你來說，兄弟、同事都是不可靠的，你信賴他們的話，就會以失敗收場。你不是去繼承他家，就是想去搞本行以外的事業。與其大膽的想向人生挑戰，不妨學精一種技術，如此就不愁吃穿。事實上，你比較適合於這種工作。

偏印—劫財 爲了別人盡心盡力，想不到好心却得不到好報，使你嘗盡勞苦之味。婚事也不易談成。

偏印—食神 在對人關係方面會嘗盡苦楚。女性的場合，跟子女並沒有什麼緣分。最好選擇跟販賣日用品有關的職業。

偏印—傷官 你身邊的麻煩事很多，使得你停滯下來，無法向前求發展。也暗示著家庭有不絕的風波。

偏印—偏財 如果你出手去搞本業以外的工作，往往會招致失敗。跟父親不和，時常會拌嘴。幼

9 偏　印

有偏印一正財組合的話，
表示會做很成功的藝術家。

小時跟母親生離死別的例子也不少。職業方面比較適於接待業。

偏印—正財　如果受到了長輩的提拔，生活方面或許會引起很大的變化。有人變成空前成功的藝術家。萩本欽一就是這種典型，而萩本欽一的四柱有兩個驛馬，因此，他在舞台演完話劇，又會很快的趕到電視台錄製節目，每天都東奔西跑的，忙碌異常。

偏印—偏官　雖然你一心一意的去照顧別人，但是他並不領情，暗示著他甚至會出賣你。這種典型的人，當以選擇出差或者旅行機會多的職業比較好。

作家星新一就有這種的組合。而且，他又擁有驛馬，因此，時常爲了取材而旅行。

偏印—正官　是很能幹而手腕很好的人，就算是本行以外的工作也能夠做得很好。在社會上，可望爭得相當高的地位。

偏印—偏印　早年就會跟單親（父母中的任何一位）分別，而且，將爲他人勞苦。本來應該是屬於自己的權利也無法享受，受到世間的非難，或輾轉於病床之間。

這種組合最喜歡有偏財，因爲它能夠控制偏印。這種組合的人比較適合於接待業。

偏印—印綬　有兩個家庭，或者兩種不同的工作，因此，不知該選擇那一種才好，甚至脚踏兩隻船，而很難以下取捨。

這種組合的人，不妨充分的利用其性格，從事於自由業或者接待業等等。

偏印與十二運的運勢

現在，我們就來看看偏印與十二運的關連。這是指偏印爲四柱上面的宿命星之場合。

偏印—長生　跟單親的緣分比較薄，因此有被養母收養的人。健康運也不怎麼良好。

偏印—沐浴　很早就會離開單親而嘗到勞苦之味。往往會被義母收養，而這個女人却有著複雜而輝煌的男性關係。身體方面倒是很健康。

偏印—冠帶　陰日出生的人，也就是說，日柱上段爲乙、丁、己、辛、或者是癸的人，將會被義母收養而過著幸福的生活。

陽日出生的人，也就是日柱上段爲甲、丙、戊、庚、壬的人，幼小時就會被父親所拋棄，以致居無定所，備嘗人生的艱辛。選擇非生產性的工作—自由業或演藝事業的話，就可獲得成功，除了接待業以外，其他的商業並不適合。

偏印—建祿　生於相當有財產的家庭，然而，家道却會中落而開始走下坡。如果能選擇醫生、藝術家、學者等自由業的話，就可以揚名。

偏印—帝旺　幼時被義母收養，多數的人會嘗到勞苦與辛酸。或者因父親、母親任何一方再婚，而被帶走。

偏印—衰

這種組合的人，一旦罹患疾病之後，就會不斷的加重，因此在平常就得多多注意。早早就要跟單親分離，而家運也會一天不如一天，自己本身的運勢也會跟著走下坡。如果能夠從事自由業的話，禍害就會減少。

偏印—病

就算是繼承了祖先的財產，也不懂得妥善的利用它，以致，家運只有日漸衰退一途。跟單親的緣分很薄，離別以後，將更爲不幸。如果不小心暴飲暴食的話，則應有長期的療養。

偏印—死

沒有耐性，無論是做什麼事情都會在中途遭遇到挫折。爲了克服這個缺點，最好耐著性子，努力著把你的工作完成，最好時時的鞭策自己。

偏印—墓

雖然有充分的幹勁、熱情，但是能力方面却還差那麼一點點，可說是美中不足之事。如果能夠不斷的充實自己，在藝術、宗教方面求發展的話，仍舊是有相當作爲的。

偏印—絕

生於衣食都匱乏的貧戶，就算是有親戚也不會伸出援手。但是，你也不必自怨自艾，不妨化悲憤爲力量，不斷的充實、磨練自己。至少對這種組合的人來說，自己才是最可靠的。只要肯吃得苦中苦，成爲人上人的機會就很大了。

偏印—胎　在生下來的同時，將以某種的形式跟母親分離。不過，健康方面卻是得天獨厚。

偏印—養　幼小時，就跟父親或者母親生離死別，被親戚或者他人所收養，一生的浮沈很多。只要選擇偏印長處的設計、插圖師、畫家、攝影、飲食店經營、演藝等的自由業，即可以過得很愜意。

♡偏印的愛情指南

命式中有兩個偏印的人，表示將以某種的形態跟丈夫分離，偏印加上傷官的話，暗示著會失去兒女，或者會使丈夫的運勢轉壞。

有偏印的女性，最好以經濟觀念發達的男人（例如跟妳外出約會時，金錢各負擔一半的人）為終身伴侶。緣份最不良的對象，就是以食神或偏財為中心星的男性。

對女性來說，時柱就是子女宮，如果此處有偏印的話，妳就不能指望子女跟妳親近，因為妳們之間的緣分很薄。

有如我在前面所說一般，以偏印為中心星的人，可以利用偏財抑制偏印，如果有干合的現象，你就可以獲得相當的幸運。

偏印爲中心星的男性，跟儉樸的女人結婚是最合適不過了。這種人也就是以正財爲中心星的女性，而跟食神、偏財的女性就不合適了。

四柱有此星跟偏財的話，將跟妻子以外的女人演變成典型的三角關係。而且，還會引起爭端。

10 印綬

——學問與名譽之星

印綬具有何種的基本運呢？

所謂的印綬也者，也就是一種的佩帶。不過並不是尋常的佩帶，而是用來掛配表示身分與地位的官印，也就是把金玉等彫刻裝飾品佩在身上的佩帶。關於這一點，你只要想想運動選手掛在頸子的獎牌，就可以明白了。

在往昔的中國，一旦被任命爲官員的話，皇帝就會給予這種的佩帶，掛上象徵名譽的官印。這種情況就叫做「佩印」當官，也就是被任爲官員，至於所謂的「解除印綬」，則意味著辭官回鄉。

所謂的當官佩印，也直接跟四柱推命的構造有關連，必需正官與印綬齊備，始能夠獲得地位與名譽。

有人說，用金錢可以購買到名譽，然而印綬的名譽是絕對無法用金錢買得到的。一個人必需就名正言順的官職以後，始能夠獲得官印，也就是說，本人必需有實力與德望始能夠獲得這一項名譽。

在往昔的中國，想要做一名官員的話，必需通過所謂的科學考試。

10 印　　綬

印綬爲學問與名譽之星

以日本來說，相當於昔日的高等文官考試，以及目前的國家公務員任用考試。天下的秀才就向這一種考試挑戰，以爭取代表名譽的印綬。

如此一看的話，四柱推命的印綬，必定是一個掌管學問、智慧的宿命星。如果說掌管衣食住、財產、地位等的星爲食神、正財、正官的話，那麼，掌管學問名譽等內在之德的星，一定是非印綬莫屬了。

有印綬的人，智慧一定很高，成績優秀，人格圓滿，亦頗能夠享受飲食。

除此以外，宗教心也是很篤厚的。據四柱推命的古典記載，印綬那一柱是十二運的「墓」的話，將在寺廟、教會，或者在宗教團體服務，或者以顧問的身分活躍。

印綬那一柱，同時又有天德貴人、月德貴人、或者天乙貴人的話，一生都會過得順順利利，永遠沐浴在幸福裏，就算碰到了危險，亦可以化險爲夷。

印綬那一柱，同時又有華蓋、文昌貴人的話，就會從事於學術、文化、宗教等職位很顯眼的工作。

印綬所暗示的適當職業是：教化萬人的工作，就像學校的教師，或者烹調、洋裁學校的老師，醫生以及技師等。除此以外，像護士、空中小姐等，照顧別人的職業也很適合。

印綬是不能挑剔的良好宿命星，就是由於太好，名譽的暗示太強烈之故，當事人往往會有高傲的缺點。

所謂的高傲，乃是認爲萬物都是以他爲中心回轉，這種思想太露骨的話，就會招致自私自利，自以爲了不起的惡言。

同時，有印綬的人，往往缺乏理財以及活用金錢的才能。因此，往往因金錢而自貶身價，別人非難他爲出手不乾淨，或者吝嗇到家等等。

印綬太多的人，很需要有正財去控制它，如此一來，正財吉利的作用將被發揮出來，運勢自然就會節節上昇。

就算是吉星，太多的話，總是會使四柱失去平衡，對命運就有不好的影響。這也是宿命星一般的特徵，印綬太多的話，就有如下的煩惱。

印綬意味著母親，印綬太多，正表示母親對兒女無微不至，也就是保護過多，或者溺愛的意思。如此一來，無形中剝奪了兒女的獨立心，反而害了他們。

除此以外，所謂的母親多，也意味著生母由於健康等的原因，不能扶養你，以致委託養母扶養你。尤其是印綬太強烈的話，跟子女的緣分非常的薄，到了晚年，很可能要過無依的孤獨生活。

印綬跟正官在一起最爲理想，意味著能夠獲得綿長的幸福、好名譽，並且能夠以指導者的身分，獲得很高的地位。傷官能傷害扶助印綬的正官，由此可見，印綬跟傷官是水火不能相容的。

因此，印綬跟傷官在一起的話，本來擁有的財官就會逐漸的消失，到頭來，只好離家到遠處謀生，或者性格古怪、偏激，無論做什麼事都是有始無終。

年柱有印綬的人，表示生於富裕之家。

年柱有印綬，其他柱也有的話，暗示幼小時吃過別人的奶，或者給別人做養子。

印綬在月柱上面，或者時柱上面，乃是最理想的排法。時柱有印綬，而又逢到強力的十二運的話，子女就會帶給你幸福，然而，子女的數目却是很少。

印綬與其他宿命星的運勢

現在，我們就來看看印綬與其他宿命星的關係，這是指印綬爲四柱上面宿命星的場合。

印綬—比肩　工作方面雖然順利，但却必須照顧兄弟以及他人，以致，不能獲得很可觀的利益。

印綬—劫財　也許就是一般人所謂的勞碌命。不但要爲自己的事忙得團團轉，而且又非照顧他人不可，自然而然的，開銷就增加了。爲了不使運勢更壞起見，切勿一天到晚哭喪著臉，不妨時時保持笑容。

10 印　綬

印綬一偏財之組合的人，
會叫愛人去工作而獲利。

印綬—食神 這種組合的人，通常都會受到別人的尊敬。工作的成果會蒸蒸日上，所獲的利益也會增加。尤其更可以憑口頭提高實績，像顧問、買賣介紹等都很適合。

印綬—傷官 世人所以不大喜歡理你，乃是你有一點頑固、古怪的脾氣。只要你能夠使大家都歡迎你，你也誠懇去待人的話，惡劣的運勢就會大大地改變。

印綬—偏財 無論是家庭、工作方面都很順利。況且，亦可以從愛情關係方面獲利，有那麼一點「老奸巨猾」的味道。也就是說，叫自己的愛人去工作，藉此撈錢財。可見，很適合於脚踏兩隻船的合夥事業。

印綬—正財 這是一種很不幸的組合，暗示會在健康、工作、金錢方面引起各種的障礙。最好避免接待客人的事業，不妨一心一意的去搞製造業。

印綬—偏官 暗示著幸福，以及事業的發展。其實，這個人本來就很勤勞，家庭自然就會圓滿。名演員高島忠夫就有這種組合。

印綬—正官 無論是在什麼行業，都能夠獲得圓滿的成功，這種無處不順利的幸運，不知羨煞了多少人。此人的趣味也廣泛，亦可以在這方面揚名。

印綬—偏印 時常會拿不定主意，不知該走右邊還是左邊好。工作及家庭都有兩個，不但不能因此獲利，反而會招損。最好放棄脚踏兩隻船的念頭，毅然的去經營旅館業，因爲這條路比較適合你。

印綬—印綬　自私自利的一面太強烈，在公司裏樹敵之後，就會一家一家的更改上班的公司。此種組合的人，最好是以自己當老板搞接待業。都春見小姐選擇了歌唱的自由業，把這種組合的缺點掩蓋了起來，可說是很明智之擧。

印綬與十二運的運勢

接著，我們來看看印綬與十二運的關連，這是指印綬爲四柱上面宿命星的場合。

印綬—長生　品學兼優，能夠受到世人的尊敬。

印綬—沐浴　生於家庭發生種種事端之時，對於工作方面，老是猶豫不決，不知該從事那一門才好，苦勞相當多。有這種組合的人，他的母親不是離過婚，就是早年就變成未亡人，而再度嫁人。

印綬—冠帶　生於相當顯赫之家庭，本人也可以抓到幸運，亦可以鴻圖大展。不管在任何方面謀求發展，都能夠站立於萬人之上，物質方面也得天獨厚。

印綬—建祿　跟父母很有緣，能夠充分的獲得父母愛，本人的性情溫和，能夠受到別人的敬愛。

印綬－帝旺

健康運還算不錯，多多注意飲食方面。

父母都很賢明，尤其是母親樣樣比父親強，父親入贅的情形很多。本人也可以在某方面擔任指導者。只是，健康方面並不大理想。

印綬－衰

很溫文而沈默寡言。天生怕被人強迫，很難以拒絕別人，這就是此人的短處。其實，有時候也不妨說出自己的主張。

印綬－病

你之所以不停的更換工作，乃是你使別人失去了信用之故。儘量的使自己變成有信用的人。定下心來，不要不停的換工作，試著安定下來吧！雖然是「病」，實際上，你是相當健康的人。

印綬－死

不是跟母親的緣分淡薄，就是母親很病弱。雖然勞苦連連，但是到了本人這一代，家運就會逐漸的興盛起來了。想要牢牢的抓住機會，平常就要多多的努力。

印綬－墓

生於跟宗教，或者藝術有緣的家庭。本人是很節約的人，然而，耗費出去的錢財却是相當的多。最好開源節流，不必要的方面就儘量的節省吧！往往在早年時就跟母親分離。

印綬－絕

生於家道中落的時候，跟父母親的緣分很薄，一生多風波。如果有官星協助的話，災禍就可望減輕。

印綬—胎　一向衰退的家運，在本人的誕生之後，就一天比一天的恢復舊觀，本人的一生也充滿了幸福。

印綬—養　不是大農家，就是事業家的後代，研究心很旺盛，可以使家業日漸的繁榮。

♡印綬的愛情指南

以印綬爲中心星的女性，通常是長得漂亮、性情溫柔，而且又很聰明。以緣分方面來說，最好選擇個性強，能夠明確的說出自己主張的男性爲佳，尤其是以比肩、偏官、正官爲中心星的男性最理想。而以傷官、正財爲中心星的男人，最好是避免。

有印綬與正官的女性，往往是出生於經濟條件良好的家庭，可以說才貌雙全。

印綬多的女性，往往很早就要跟丈夫生離死別，不然就是跟子女的緣分很薄，總之有變成孤獨的傾向。

印綬星或者正財星多的女性，將沈溺於內慾裏面，生活的一切都會變成以SEX爲中心，實在叫人耽心。

以印綬爲中心星的男性，跟老大姐典型的女人在一起，總是會讓人感覺到匹配得很好，尤其是以偏官爲中心星的女性最爲理想。正財或者傷官的女性，則最好避免。

四柱某處有「印綬－正財」組合的話，將因妻子的慢性疾病，或者夫妻倆性格方面的格格不入，吃盡苦頭。

信號星的找出法

(1)信號星的找出法

找出干合

根據宿命星、十二運，以及吉凶星，你大體上已經瞭解了自己的命運吧？現在，是最後的整理了。當然啦，不必經過這一道整理的過程，以上所得的結果，就足夠用來判斷運勢了。不過，有了這一道整理的過程，更能夠趨於完善，何樂而不爲呢？

首先須察看一下，是否有本書中時常出現的干合、支合、三合、刑冲破害等現象。所謂的干合也者，乃是察看天干，也就是年柱、月柱、日柱、以及時柱上段的文字，看看是否有「甲己」「乙庚」「丙辛」「丁壬」「戊癸」等的組合。不妨看看左邊的命運公式。

年柱	㊀乙	未	己
月柱	戊	子	癸
日柱	㊀庚	午	丁
時柱	戊	寅	甲

這個命運公式中，年柱與日柱之間有「乙庚」的干合。

關於這種干合本身所具有的意義，我要簡單的說明一下。

甲—己　是很有德行的人，總是受到大衆的尊敬。然而，亦有完全無責任感的自私者。

乙—庚　雖然是大膽，但却有著纖細的人情味。如果有偏官或者「死」、「絕」的話，雖然拚命的幹，但却是沒有什麼成果。

丙—辛　多數性情古怪、頑固，喜歡搞男女關係。

丁—壬　很容易沈溺於內慾裏面，如果前半生好的話，後半生將轉壞，前半生壞的話，後半生將轉好。如此這般，前後半生的運勢會轉一百八十度。

戊—癸　女性的話，可以嫁到一個英俊漂亮的丈夫，男性的話，則有終生不婚的人。

找出支合、三合、刑沖破害

其次，再看看有無支合、三合、以及刑沖破害，關於這一點，可以看下表查出。

三合方面，可以看看命運公式的十二支，總共有下面四種。

申・子・辰（水的作用）

支合、三合、刑冲破害速見表

亥	戌	酉	申	未	午	巳	辰	卯	寅	丑	子	
		破	三合	害	冲		三合	刑		合		**子**
	刑	三合		刑冲	害	三合	破				合	**丑**
合破	三合		刑冲		三合	刑害						**寅**
三合	合	冲		三合	破		害				刑	**卯**
	冲	合	三合				刑	害		破	三合	**辰**
冲		三合	合刑破						刑害	三合		**巳**
	三合			合	刑			破	三合	害	冲	**午**
三合	刑破				合			三合		刑冲	害	**未**
害						合刑破	三合		刑冲		三合	**申**
	害	刑				三合	合	冲		三合	破	**酉**
		害		刑破	三合		冲	合	三合	刑		**戌**
刑			害	三合		冲		三合	合破			**亥**

巳・酉・丑（金的作用）
寅・午・戌（火的作用）
亥・卯・未（木的作用）

例如：在乙亥年、己卯月、丁未日出生的人，命運公式中的十二支，如右所示三支齊全的場合，稱之爲三合。

其次要談到刑，所謂的刑也有三種。

①寅—巳　巳—申　申—寅

這是所謂的仗勢之型。具有突飛猛進的意義，如果有強烈十二運的話，就可以成爲豪放磊落的大人物。反過來說，如果跟弱的十二運在一起的話，就很容易遭受到挫折。女性的話，多數要過著孤獨的生活。

②丑—戌　戌—未　未—丑

這種組合被稱之爲無恩之型，就有如字義一般，不知恩而冷淡的人，往往有這種的組合。女性的話，妊娠期中會發生麻煩。

③子—卯　卯—子

這種組合稱之爲無禮之型，爲激烈的凶星，女性的話，特別要注意照料家庭。

④辰—辰　午—午　酉—酉　亥—亥

這種組合是同類的重疊，因此稱之爲自型。儘管自己沒有獨立心，却是倔強又固執，如果不改掉這種惡習的話，就難望有很大的發展。只有四柱的組合極好的場合，有了這種的自型，可說是很幸運。

有冲的話，在絕大多數的場合，總是會傷害到幸運的暗示，如果有空亡的柱，又是跟其他柱相冲的話，往往就能夠轉禍爲吉。

大體上說來，破害都有負的作用，相對的，空亡（歸於無）雖能奪去吉星的作用，然而，凶星逢到空亡的場合，却能夠冲薄凶象，轉變爲吉。

(2)歲運的找法

就好像身體的狀態不會老是同樣一般，不管任何人的一生都有浮沈。四柱推命學叫這種韻律爲歲運。命運公式本來就強力，再於歲運碰到上昇時機的話，運氣就會絕對的順利，大展鴻圖是不成問題的。又如：命運公式衰弱的人，只要碰到良機，仍然能夠乘著上昇氣運，趁機發展事業，風光一時。

關於歲運方面，可以從日柱上段，察看其年的干與支，再以跟四柱相同的方式，排出宿命星與十二運，然後，判斷其強弱。但是，四柱推命的一年是從立春開始的，平均說來，差不多在陽曆二月四日左右，閏年則在二月五日左右才進入新年，在這以前，無論是一月一日，或者是二月一日，都要看前一年的月曆。

(3)命宮的找法

生時很明確的人，請勿必找出命宮。因爲，命宮對判斷緣份是很有幫助的，也可以說很方便。關於命宮的找法，請翻到一八〇頁的表格，查看月柱中段的十二支跟時柱中段十二支交叉的地方。緣份方面，以男女的命宮相同最爲理想。緣份惡劣者，爲如下的組合。

本身		對方			
子	←	巳	午	未	亥
丑	←	午	未		
寅	←	卯	申	酉	
卯	←	寅	辰	申	酉
辰	←	卯	戌		
巳	←	子	午	亥	
午	←	子	丑	巳	亥
未	←	子	丑		
申	←	寅	卯	戌	
酉	←	寅	卯	申	戌
戌	←	辰	酉		
亥	←	辰	巳	午	

命宮速見表

月柱中段 \ 時柱中段	寅	卯	辰	巳	午	未	申	酉	戌	亥	子	丑
子	卯	寅	丑	子	亥	戌	酉	申	未	午	巳	辰
丑	寅	丑	子	亥	戌	酉	申	未	午	巳	辰	卯
寅	丑	子	亥	戌	酉	申	未	午	巳	辰	卯	寅
卯	子	亥	戌	酉	申	未	午	巳	辰	卯	寅	丑
辰	亥	戌	酉	申	未	午	巳	辰	卯	寅	丑	子
巳	戌	酉	申	未	午	巳	辰	卯	寅	丑	子	亥
午	酉	申	未	午	巳	辰	卯	寅	丑	子	亥	戌
未	申	未	午	巳	辰	卯	寅	丑	子	亥	戌	酉
申	未	午	巳	辰	卯	寅	丑	子	亥	戌	酉	申
酉	午	巳	辰	卯	寅	丑	子	亥	戌	酉	申	未
戌	巳	辰	卯	寅	丑	子	亥	戌	酉	申	未	午
亥	辰	卯	寅	丑	子	亥	戌	酉	申	未	午	巳

四 柱 速 見 表

速見之例

在 3 月 6 日 12 點 24 分以前出生的人請看這裡

3 月 16 日 14 點 31 分以後出生的人請看這裏

從 3 月 6 日 12 點 24 分到 3 月 16 日 14 點 30 分出生的人請看這裏

3月	**年柱**	庚寅戊
	月柱	戊寅甲 → 6•12•24 → 己卯甲 → 16•14•31 → 己卯乙
	日柱	㉛

以這個數字加上誕生日的數字（例如 15 日生的人爲 15），再翻到 45 頁的速見表，查看其數字的欄。

㊟ 例如 3 月 6 日生而不知道生時的人，可認爲是•戊寅甲→6・12・24→己卯甲

新時節（參照生年的各頁的註③）

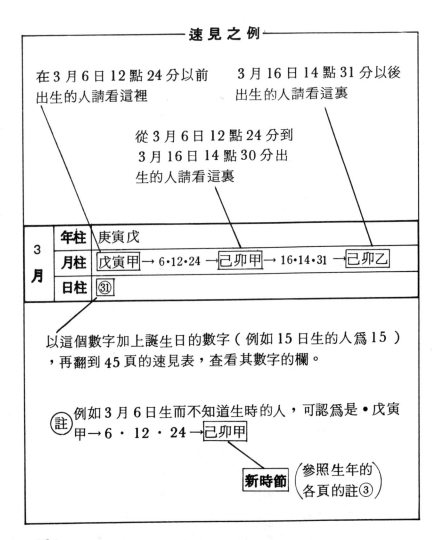

1912年(民國1年) 閏

年柱	辛亥壬→2月5日12時48分→壬子壬→6月6日11時27分→壬子癸

月柱	自 至	日 時 分	自 至	日 時 分	自 至	日 時 分	自 至	日 時 分	自 至	日柱
1月	庚子癸	7.01.01	辛丑癸	15.21.21	辛丑辛	18.20.08	辛丑己	——	——	12
2月	辛丑己	5.12.48	壬寅戊	12.11.26	壬寅丙	19.10.03	壬寅甲	——	——	43
3月	壬寅甲	6.07.15	癸卯甲	16.09.27	癸卯乙	——	——	——	——	12
4月	癸卯乙	5.12.40	甲辰乙	14.18.03	甲辰癸	17.19.51	甲辰戊	——	——	43
5月	甲辰戊	6.06.37	乙巳戊	11.11.29	乙巳庚	20.20.04	乙巳丙	——	——	13
6月	乙巳丙	6.11.16	丙午丙	16.23.10	丙午己	26.09.30	丙午丁	——	——	44
7月	丙午丁	7.21.44	丁未丁	17.07.50	丁未乙	20.11.12	丁未己	——	——	14
8月	丁未己	8.07.23	戊申己	15.12.45	戊申戊	18.15.24	戊申壬	21.18.02	戊申庚	45
9月	戊申庚	8.09.50	己酉庚	18.15.14	己酉辛	——	——	——	——	16
10月	己酉辛	9.00.51	庚戌辛	18.01.37	庚戌丁	21.01.52	庚戌戊	——	——	46
11月	庚戌戊	8.03.24	辛亥戊	15.01.33	辛亥甲	20.00.21	辛亥壬	——	——	17
12月	辛亥壬	7.19.47	壬子壬	17.15.51	壬子癸	——	——	——	——	47

1913年(民國2年)

年柱	壬子癸→2月4日18時37分→癸丑癸→5月25日8時22分→癸丑辛
	癸丑辛→6月30日20時57分→癸丑己

月柱	自 至	日 時 分	自 至	日 時 分	自 至	日 時 分	自 至	日 時 分	自 至	日柱
1月	壬子癸	6.06.49	癸丑癸	15.03.10	癸丑辛	18.01.56	癸丑己	——	——	18
2月	癸丑己	4.18.37	甲寅戊	11.17.51	甲寅丙	18.15.52	甲寅甲	——	——	49
3月	甲寅甲	6.13.04	乙卯甲	16.15.16	乙卯乙	——	——	——	——	17
4月	乙卯乙	5.18.29	丙辰乙	14.23.52	丙辰癸	18.01.40	丙辰戊	——	——	48
5月	丙辰戊	6.12.26	丁巳戊	11.17.17	丁巳庚	21.01.53	丁巳丙	——	——	18
6月	丁巳丙	6.17.05	戊午丙	17.04.59	戊午己	26.15.19	戊午丁	——	——	49
7月	戊午丁	8.03.33	己未丁	17.13.38	己未乙	20.17.00	己未己	——	——	19
8月	己未己	8.13.12	庚申己	15.18.34	庚申戊	18.21.12	庚申壬	21.23.51	庚申庚	50
9月	庚申庚	8.15.39	辛酉庚	18.21.03	辛酉辛	——	——	——	——	21
10月	辛酉辛	9.06.39	壬戌辛	18.07.25	壬戌丁	21.07 41	壬戌戊	——	——	51
11月	壬戌戊	8.09.13	癸亥戊	15.07.21	癸亥甲	20.06.10	癸亥壬	——	——	22
12月	癸亥壬	8.01.36	甲子壬	17.21.40	甲子癸	——	——	——	——	52

1914年(民國3年)

年柱	癸丑己→2月5日0時26分→甲寅戊→5月1日4時51分→甲寅丙										
	甲寅丙→7月25日9時16分→甲寅甲										
月柱	自 至	日 時 分	自 至	日 時 分	自 至	日 時 分	自 至	日 時 分	自 至	日柱
1月	甲子癸	6.12.38	乙丑癸	15.08.58	乙丑辛	18.07.45	乙丑己	——	——	23
2月	乙丑己	5.00.26	丙寅戊	11.23.03	丙寅丙	18.21.41	丙寅甲	——	——	54
3月	丙寅甲	6.18.53	丁卯甲	16.21.04	丁卯乙	——	——	——	——	22
4月	丁卯乙	6.00.18	戊辰乙	15.05.41	戊辰癸	18.07.29	戊辰戊	——	——	53
5月	戊辰戊	6.18.15	己巳戊	11.23.06	己巳庚	21.07.42	己巳丙	——	——	23
6月	己巳丙	6.22.54	庚午丙	17.10.47	庚午己	26.21.08	庚午丁	——	——	54
7月	庚午丁	8.09.22	辛未丁	17.19.27	辛未乙	20.22.49	辛未己	——	——	24
8月	辛未己	8.19.00	壬申己	16.00.22	壬申戊	19.03.01	壬申壬	22.05.40	壬申庚	55
9月	壬申庚	8.21.27	癸酉庚	19.02.51	癸酉辛	——	——	——	——	26
10月	癸酉辛	9.12.28	甲戌辛	18.13.14	甲戌丁	21.13.29	甲戌戊	——	——	56
11月	甲戌戊	8.15.01	乙亥戊	15.13.10	乙亥甲	20.11.59	乙亥壬	——	——	27
12月	乙亥壬	8.07.25	丙子壬	18.03.29	丙子癸	——	——	——	——	57

1915年(民國4年)

年柱	甲寅甲→2月5日6時14分→乙卯甲→6月7日4時54分→乙卯乙										
月柱	自 至	日 時 分	自 至	日 時 分	自 至	日 時 分	自 至	日 時 分	自 至	日柱
1月	丙子癸	6.18.27	丁丑癸	15.14.47	丁丑辛	18.13.34	丁丑己	——	——	28
2月	丁丑己	5.06.14	戊寅戊	12.04.52	戊寅丙	19.03.30	戊寅甲	——	——	59
3月	戊寅甲	7.00.41	己卯甲	17.02.53	己卯乙	——	——	——	——	27
4月	己卯乙	6.06.07	庚辰乙	15.11.30	庚辰癸	18.13.18	庚辰戊	——	——	58
5月	庚辰戊	7.00.04	辛巳戊	12.04.55	辛巳庚	21.13.31	辛巳丙	——	——	28
6月	辛巳丙	7.04.43	壬午丙	17.16.36	壬午己	27.02.57	壬午丁	——	——	59
7月	壬午丁	8.15.10	癸未丁	18.01.16	癸未乙	21.04.38	癸未己	——	——	29
8月	癸未己	9.00.49	甲申己	16.06.11	甲申戊	19.08.50	甲申壬	22.11.29	甲申庚	0
9月	甲申庚	9.03.16	乙酉庚	19.08.40	乙酉辛	——	——	——	——	31
10月	乙酉辛	9.18.17	丙戌辛	18.19.03	丙戌丁	21.19.18	丙戌戊	——	——	1
11月	丙戌戊	8.20.50	丁亥戊	15.18.59	丁亥甲	20.17.47	丁亥壬	——	——	32
12月	丁亥壬	8.13.14	戊子壬	18.09.17	戊子癸	——	——	——	——	2

1916年(民國5年) 閏

年柱	乙卯乙→2月5日12時06分→丙辰乙→5月25日1時51分→丙辰癸									
	丙辰癸→6月30日14時26分→丙辰戊									
月柱	自 至	日 時 分	自 至	日 時 分	自 至	日 時 分	自 至	日 時 分	自 至	日柱
1月	戊子癸	7.00.19	己丑癸	15.20.39	己丑辛	18.19.26	己丑己	——	——	33
2月	己丑己	5.12.06	庚寅戊	12.10.43	庚寅丙	19.09.21	庚寅甲	——	——	4
3月	庚寅甲	6.06.32	辛卯甲	16.08.43	辛卯乙	——	——	——	——	33
4月	辛卯乙	5.11.55	壬辰乙	14.17.18	壬辰癸	17.19.06	壬辰戊	——	——	4
5月	壬辰戊	6.05.51	癸巳戊	11.10.42	癸巳庚	20.19.17	癸巳丙	——	——	34
6月	癸巳丙	6.10.28	甲午丙	16.22.22	甲午己	26.08.42	甲午丁	——	——	5
7月	甲午丁	7.20.56	乙未丁	17.07.01	乙未乙	20.10.23	乙未己	——	——	35
8月	乙未己	8.06.35	丙申己	15.11.57	丙申戊	18.14.36	丙申壬	21.17.15	丙申庚	6
9月	丙申庚	8.09.03	丁酉庚	18.14.28	丁酉辛	——	——	——	——	37
10月	丁酉辛	9.00.06	戊戌辛	18.00.52	戊戌丁	21.01.08	戊戌戊	——	——	7
11月	戊戌戊	8.02.41	己亥戊	15.00.50	己亥甲	19.23.38	己亥壬	——	——	38
12月	己亥壬	7.19.05	庚子壬	17.15.09	庚子癸	——	——	——	——	8

1917年(民國6年)

年柱	丙辰戊→2月4日17時55分→丁巳戊→4月6日15時50分→丁巳庚									
	丁巳庚→7月25日5時34分→丁巳丙									
月柱	自 至	日 時 分	自 至	日 時 分	自 至	日 時 分	自 至	日 時 分	自 至	日柱
1月	庚子癸	6.06.08	辛丑癸	15.02.28	辛丑辛	18.01.15	辛丑己	——	——	39
2月	辛丑己	4.17.55	壬寅戊	11.16.32	壬寅丙	18.15.10	壬寅甲	——	——	10
3月	壬寅甲	6.12.21	癸卯甲	16.14.32	癸卯乙	——	——	——	——	38
4月	癸卯乙	5.17.44	甲辰乙	14.23.07	甲辰癸	18.00.54	甲辰戊	——	——	9
5月	甲辰戊	6.11.40	乙巳戊	11.16.31	乙巳庚	21.01.06	乙巳丙	——	——	39
6月	乙巳丙	6.16.17	丙午丙	17.04.11	丙午己	26.14.31	丙午丁	——	——	10
7月	丙午丁	8.02.44	丁未丁	17.12.50	丁未乙	20.16.12	丁未己	21.23.04	戊申庚	40
8月	丁未己	8.12.24	戊申己	15.17.46	戊申戊	18.20.25	戊申壬	——	——	11
9月	戊申庚	8.14.52	己酉庚	18.20.16	己酉辛	——	——	——	——	42
10月	己酉辛	9.05.54	庚戌辛	18.06.41	庚戌丁	21.06.56	庚戌戊	——	——	12
11月	庚戌戊	8.08.29	辛亥戊	15.06.38	辛亥甲	20.05.27	辛亥壬	——	——	43
12月	辛亥壬	8.00.54	壬子壬	17.20.58	壬子癸	——	——	——	——	13

1918年(民國7年)

年柱	丁巳丙→2月4日23時44分→戊午丙→6月6日22時23分→戊午己									
	戊午己→9月24日12時8分→戊午丁									
月柱	自 至	日 時 分	自 至	日 時 分	自 至	日 時 分	自 至	日 時 分	自 至	日柱
1月	壬子癸	6.11.57	癸丑癸	15.08.17	癸丑辛	18.07.03	癸丑己	——	——	44
2月	癸丑己	4.23.44	甲寅戊	11.22.21	甲寅丙	18.20.58	甲寅申	——	——	15
3月	甲寅甲	6.18.09	乙卯甲	16.20.21	乙卯乙	——	——	——	——	43
4月	乙卯乙	5.23.33	丙辰乙	15.04.56	丙辰癸	18.06.43	丙辰戊	——	——	14
5月	丙辰戊	6.17.28	丁巳戊	11.22.19	丁巳庚	21.06.55	丁巳丙	——	——	44
6月	丁巳丙	6.22.06	戊午丙	17.09.59	戊午己	26.20.20	戊午丁	——	——	15
7月	戊午丁	8.08.33	己未丁	17.18.39	己未乙	20.22.01	己未己	——	——	45
8月	己未己	8.18.12	庚申己	15.23.35	庚申戊	19.02.14	庚申壬	22.04.52	庚申庚	16
9月	庚申庚	8.20.41	辛酉庚	19.02.05	辛酉辛	——	——	——	——	47
10月	辛酉辛	9.11.43	壬戌辛	18.12.29	壬戌丁	21.12.45	壬戌戊	——	——	17
11月	壬戌戊	8.14.18	癸亥戊	15.12.27	癸亥甲	20.11.16	癸亥壬	——	——	48
12月	癸亥壬	8.06.43	甲子壬	18.02.47	甲子癸	——	——	——	——	18

1919年(民國8年)

年柱	戊午丁→2月5日5時32分→己未丁→5月25日19時17分→己未乙									
	己未乙→7月1日7時52分→己未己									
月柱	自 至	日 時 分	自 至	日 時 分	自 至	日 時 分	自 至	日 時 分	自 至	日柱
1月	甲子癸	6.17.45	乙丑癸	15.14.05	乙丑辛	18.12.52	乙丑乙	——	——	49
2月	乙丑己	5.05.32	丙寅戊	12.04.10	丙寅丙	19.02.47	丙寅甲	——	——	20
3月	丙寅甲	6.23.58	丁卯甲	17.02.09	丁卯乙	——	——	——	——	48
4月	丁卯乙	6.05.22	戊辰乙	15.10.44	戊辰癸	18.12.32	戊辰戊	——	——	19
5月	戊辰戊	6.23.17	己巳戊	12.04.08	己巳庚	21.12.44	己巳丙	——	——	49
6月	己巳丙	7.03.55	庚午丙	17.15.48	庚午己	27.02.08	庚午丁	——	——	20
7月	庚午丁	8.14.22	辛未丁	18.00.28	辛未乙	21.03.50	辛未己	——	——	50
8月	辛未己	9.00.01	壬申己	16.05.24	壬申戊	19.08.02	壬申壬	22.10.41	壬申庚	21
9月	壬申庚	9.02.29	癸酉庚	19.07.54	癸酉辛	——	——	——	——	52
10月	癸酉辛	9.17.32	甲戌辛	18.18.18	甲戌丁	21.18.34	甲戌戊	——	——	22
11月	甲戌戊	8.20.07	乙亥戊	15.18.16	乙亥甲	20.17.05	乙亥壬	——	——	53
12月	乙亥壬	8.12.32	丙子壬	18.08.35	丙子癸	——	——	——	——	23

1920年(民國9年) 閏

年柱	己未己→2月5日11時24分→庚申己→4月30日7時20分→庚申戊									
	庚申戊→6月5日19時55分→庚申壬→7月12日8時30分→庚申庚									
月柱	自　至	日 時 分	自　至	日 時 分	自　至	日 時 分	自　至	日 時 分	自　至	日柱
1月	丙子癸	06.23.37	丁丑癸	15.19.57	丁丑辛	18.18.44	丁丑己	——	——	54
2月	丁丑己	05.11.24	戊寅戊	12.10.01	戊寅丙	19.08.38	戊寅甲	——	——	25
3月	戊寅甲	06.05.49	己卯甲	16.07.59	己卯乙	——	——	——	——	54
4月	己卯乙	05.11.11	庚辰乙	14.16.33	庚辰癸	17.18.20	庚辰戊	——	——	25
5月	庚辰戊	06.05.04	辛巳戊	11.09.55	辛巳庚	20.18.30	辛巳丙	——	——	55
6月	辛巳丙	06.09.41	壬午丙	16.21.34	壬午己	26.07.54	壬午丁	——	——	26
7月	壬午丁	07.20.07	癸未丁	17.06.13	癸未乙	20.09.35	癸未己	——	——	56
8月	癸未己	08.05.47	甲申己	15.11.10	甲申戊	18.13.49	甲申壬	21.16.28	甲申庚	27
9月	甲申庚	08.08.17	乙酉庚	18.13.42	乙酉辛	——	——	——	——	58
10月	乙酉辛	08.23.21	丙戌辛	18.00.08	丙戌丁	21.00.23	丙戌戊	——	——	28
11月	丙戌戊	08.01.57	丁亥戊	15.00.07	丁亥甲	19.22.56	丁亥壬	——	——	59
12月	丁亥壬	07.18.23	戊子壬	17.14.27	戊子癸	——	——	——	——	29

1921年(民國10年)

年柱	庚申庚→2月4日17時13分→辛酉庚→6月6日15時52分→辛酉辛									
月柱	自　至	日 時 分	自　至	日 時 分	自　至	日 時 分	自　至	日 時 分	自　至	日柱
1月	戊子癸	6.05.26	己丑癸	15.01.46	己丑辛	18.00.33	己丑己	——	——	0
2月	己丑己	4.17.13	庚寅戊	11.15.50	庚寅丙	18.14.27	庚寅甲	——	——	31
3月	庚寅甲	6.11.37	辛卯甲	16.13.48	辛卯乙	——	——	——	——	59
4月	辛卯乙	5.16.59	壬辰乙	14.22.21	壬辰癸	18.00.09	壬辰戊	——	——	30
5月	壬辰戊	6.10.53	癸巳戊	11.15.44	癸巳庚	21.00.19	癸巳丙	——	——	0
6月	癸巳丙	6.15.29	甲午丙	17.03.23	甲午己	26.13.43	甲午丁	——	——	31
7月	甲午丁	8.01.56	乙未丁	17.12.02	乙未乙	20.15.24	乙未己	——	——	1
8月	乙未己	8.11.36	丙申己	15.16.58	丙申戊	18.19.37	丙申壬	21.22.16	丙申庚	32
9月	丙申庚	8.14.05	丁酉庚	18.19.30	丁酉辛	——	——	——	——	3
10月	丁酉辛	9.05.09	戊戌辛	18.05.56	戊戌丁	21.06.12	戊戌戊	——	——	33
11月	戊戌戊	8.07.46	己亥戊	15.05.55	己亥甲	20.04.44	己亥壬	——	——	4
12月	己亥壬	8.00.12	庚子壬	17.20.16	庚子癸	——	——	——	——	34

1922 年(民國 11 年)

年柱	辛酉辛→2月4日23時02分→壬戌辛→5月25日12時46分→壬戌丁 壬戌丁→7月1日1時21分→壬戌戌

月柱	自　至	日　時　分	自　至	日　時　分	自　至	日　時　分	自　至	日　時　分	自　至	日柱
1月	庚子癸	6.11.15	辛丑癸	15.07.35	辛丑辛	18.06.22	辛丑己	——	——	5
2月	辛丑己	4.23.02	壬寅戊	11.21.39	壬寅丙	18.20.16	壬寅甲	——	——	36
3月	壬寅甲	6.17.26	癸卯甲	16.19.37	癸卯乙	——	——	——	——	4
4月	癸卯乙	5.22.48	甲辰乙	15.04.10	甲辰癸	18.05.58	甲辰戊	——	——	35
5月	甲辰戊	6.16.42	乙巳戊	11.21.33	乙巳庚	21.06.08	乙巳丙	——	——	5
6月	乙巳丙	6.21.18	丙午丙	17.09.11	丙午己	26.19.31	丙午丁	——	——	36
7月	丙午丁	8.07.45	丁未丁	17.17.51	丁未乙	20.21.13	丁未己	——	——	6
8月	丁未己	8.17.24	戊申己	15.22.47	戊申戊	19.01.26	戊申壬	22.04.05	戊申庚	37
9月	戊申庚	8.19.54	己酉庚	19.01.19	己酉辛	——	——	——	——	8
10月	己酉辛	9.10.58	庚戌辛	18.11.45	庚戌丁	21.12.01	庚戌戊	——	——	38
11月	庚戌戊	8.13.35	辛亥戊	15.11.44	辛亥甲	20.10.33	辛亥壬	——	——	9
12月	辛亥壬	8.06.01	壬子壬	18.02.05	壬子癸	——	——	——	——	39

1923 年(民國 12 年)

年柱	壬戌戊→2月5日4時50分→癸亥戊→5月1日9時15分→癸亥甲 癸亥甲→7月1日7時10分→癸亥壬

月柱	自　至	日　時　分	自　至	日　時　分	自　至	日　時　分	自　至	日　時　分	自　至	日柱
1月	壬子癸	6.17.04	癸丑癸	15.13.24	癸丑辛	18.12.10	癸丑己	——	——	10
2月	癸丑己	5.04.50	甲寅戊	12.03.28	甲寅丙	19.02.05	甲寅甲	——	——	41
3月	甲寅甲	6.23.15	乙卯甲	17.01.26	乙卯乙	——	——	——	——	9
4月	乙卯乙	6.04.37	丙辰乙	15.09.59	丙辰癸	18.11.47	丙辰戊	——	——	40
5月	丙辰戊	6.22.31	丁巳戊	12.03.22	丁巳庚	21.11.56	丁巳丙	——	——	10
6月	丁巳丙	7.03.07	戊午丙	17.15.00	戊午己	27.01.20	戊午丁	——	——	41
7月	戊午丁	8.13.34	己未丁	17.23.39	己未乙	21.03.01	己未己	——	——	11
8月	己未己	8.23.13	庚申己	16.04.36	庚申戊	19.07.15	庚申壬	22.09.54	庚申庚	42
9月	庚申庚	9.01.43	辛酉庚	19.07.08	辛酉辛	——	——	——	——	13
10月	辛酉辛	9.16.47	壬戌辛	18.17.34	壬戌丁	20.17.49	壬戌戊	——	——	43
11月	壬戌戊	8.19.23	癸亥戊	15.17.33	癸亥甲	20.16.22	癸亥壬	——	——	14
12月	癸亥壬	8.11.49	甲子壬	18.07.54	甲子癸	——	——	——	——	44

1924年(民國13年) 閏

年柱	癸亥壬→2月5日10時42分→甲子壬→6月6日9時21分→甲子癸										
月柱	自　至	日 時 分	自　至	日 時 分	自　至	日 時 分	自　至	日 時 分	自　至	日柱
1月	甲子癸	6.22.56	乙丑癸	15.19.16	乙丑辛	18.18.02	乙丑己	——	——	15
2月	乙丑己	5.10.42	丙寅戊	12.09.19	丙寅丙	19.07.56	丙寅甲	——	——	46
3月	丙寅甲	6.05.05	丁卯甲	16.07.16	丁卯乙	——	——	——	——	15
4月	丁卯乙	5.10.26	戊辰乙	14.15.47	戊辰癸	17.17.35	戊辰戊	——	——	46
5月	戊辰戊	6.04.18	己巳戊	11.09.08	己巳庚	20.17.43	己巳丙	——	——	16
6月	己巳丙	6.08.53	庚午丙	16.20.46	庚午己	26.07.06	庚午丁	——	——	47
7月	庚午丁	7.19.19	辛未丁	17.05.25	辛未乙	20.08.47	辛未己	——	——	17
8月	辛未己	8.04.59	壬申己	15.10.22	壬申戊	18.13.01	壬申壬	21.15.40	壬申庚	48
9月	壬申庚	8.07.30	癸酉庚	18.12.56	癸酉辛	——	——	——	——	19
10月	癸酉辛	8.22.36	甲戌辛	17.23.23	甲戌丁	20.23.39	甲戌戊	——	——	49
11月	甲戌戊	8.01.14	乙亥戊	14.23.24	乙亥甲	19.22.13	乙亥壬	——	——	20
12月	乙亥壬	7.17.41	丙子壬	17.13.45	丙子癸	——	——	——	——	50

1925年(民國14年)

年柱	甲子癸→2月4日16時31分→乙丑癸→5月25日6時16分→乙丑辛 乙丑辛→6月30日18時51分→乙丑己									
月柱	自　至	日 時 分	自　至	日 時 分	自　至	日 時 分	自　至	日 時 分	自　至	日柱
1月	丙子癸	6.04.45	丁丑癸	15.01.04	丁丑辛	17.23.51	丁丑己	——	——	21
2月	丁丑己	4.16.31	戊寅戊	11.15.08	戊寅丙	18.13.44	戊寅甲	——	——	52
3月	戊寅甲	6.10.54	己卯甲	16.13.04	己卯乙	——	——	——	——	20
4月	己卯乙	5.16.15	庚辰乙	14.21.36	庚辰癸	17.23.23	庚辰戊	——	——	51
5月	庚辰戊	6.10.06	辛巳戊	11.14.57	辛巳庚	20.23.32	辛巳丙	——	——	21
6月	辛巳丙	6.14.42	壬午丙	17.02.35	壬午己	26.12.54	壬午丁	——	——	52
7月	壬午丁	8.01.08	癸未丁	17.11.14	癸未乙	20.14.36	癸未己	——	——	22
8月	癸未己	8.10.48	甲申己	15.16.11	甲申戊	18.18.50	甲申壬	21.21.29	甲申庚	53
9月	甲申庚	8.13.19	乙酉庚	18.18.44	乙酉辛	——	——	——	——	24
10月	乙酉辛	9.04.24	丙戌辛	18.05.12	丙戌丁	21.05.28	丙戌戊	——	——	54
11月	丙戌戊	8.07.03	丁亥戊	15.05.12	丁亥甲	20.04.02	丁亥壬	——	——	25
12月	丁亥壬	7.23.30	戊子壬	17.19.34	戊子癸	——	——	——	——	55

1926 年(民國 15 年)

年柱	
	乙丑己→2月4日22時20分→丙寅戊→5月1日2時45分→丙寅丙
	丙寅丙→7月25日7時10分→丙寅甲

月柱	自至	日時分	自至	日時分	自至	日時分	自至	日時分	自至	日柱
1月	戊子癸	6.10.33	己丑癸	15.06.53	己丑辛	18.05.40	己丑己	——	——	26
2月	己丑己	4.22.20	庚寅戊	11.20.56	庚寅丙	18.19.33	庚寅甲	——	——	57
3月	庚寅甲	6.16.43	辛卯甲	16.18.53	辛卯乙	——	——	——	——	25
4月	辛卯乙	5.22.03	壬辰乙	15.03.25	壬辰癸	18.05.12	壬辰戊	——	——	56
5月	壬辰戊	6.15.55	癸巳戊	11.20.46	癸巳庚	21.05.20	癸巳丙	——	——	26
6月	癸巳丙	6.20.30	甲午丙	17.08.23	甲午己	26.18.43	甲午丁	——	——	57
7月	甲午丁	8.06.56	乙未丁	17.17.03	乙未乙	20.20.25	乙未己	——	——	27
8月	乙未己	8.16.37	丙申己	15.22.00	丙甲戊	19.00.39	丙申壬	22.03.18	丙申庚	58
9月	丙申庚	8.19.07	丁酉庚	19.00.33	丁酉辛	——	——	——	——	29
10月	丁酉辛	9.10.13	戊戌辛	18.11.00	戊戌丁	21.11.16	戊戌戊	——	——	59
11月	戊戌戊	8.12.51	己亥戊	15.11.01	己亥甲	20.09.50	己亥壬	——	——	30
12月	己亥壬	8.05.19	庚子壬	18.01.23	庚子癸	——	——	——	——	0

1927 年(民國 16 年)

年柱	
	丙寅甲→2月5日4時08分→丁卯甲→6月7日2時48分→丁卯乙

月柱	自至	日時分	自至	日時分	自至	日時分	自至	日時分	自至	日柱
1月	庚子癸	6.16.22	辛丑癸	15.12.42	辛丑辛	18.11.29	辛丑己	——	——	31
2月	辛丑己	5.04.08	壬寅戊	12.02.45	壬寅丙	19.01.22	壬寅甲	——	——	2
3月	壬寅甲	6.22.32	癸卯甲	17.00.42	癸卯乙	——	——	——	——	30
4月	癸卯乙	6.03.52	甲辰乙	15.09.14	甲辰癸	18.11.01	甲辰戊	——	——	1
5月	甲辰戊	6.21.44	乙巳戊	12.02.35	乙巳庚	21.11.09	乙巳丙	——	——	31
6月	乙巳丙	7.02.19	丙午丙	17.14.12	丙午己	27.00.32	丙午丁	——	——	2
7月	丙午丁	8.12.45	丁未丁	17.22.51	丁未乙	21.02.13	丁未己	——	——	32
8月	丁未己	8.22.25	戊申己	16.03.48	戊申戊	19.06.27	戊申壬	22.09.06	戊申庚	3
9月	戊申庚	9.00.56	己酉庚	19.06.22	己酉辛	——	——	——	——	34
10月	己酉辛	9.16.02	庚戌辛	18.16.49	庚戌丁	21.17.05	庚戌戊	——	——	4
11月	庚戌戊	8.18.40	辛亥戊	15.16.50	辛亥甲	20.15.39	辛亥壬	——	——	35
12月	辛亥壬	8.11.07	壬子壬	18.07.12	壬子癸	——		——	——	5

1928 年(民國 17 年) 閏

年柱	丁卯乙→2月5日10時00分→戊辰乙→5月24日23時45分→戊辰癸 戊辰癸→6月30日12時20分→戊辰戊									
月柱	自　至	日 時 分	自　至	日 時 分	自　至	日 時 分	自　至	日 時 分	自　至	日柱
1月	壬子癸	6.22.14	癸丑癸	15.18.34	癸丑辛	18.17.21	癸丑己	——	——	36
2月	癸丑己	5.10.00	甲寅戊	12.08.37	甲寅丙	19.07.13	甲寅甲	——	——	7
3月	甲寅甲	6.04.22	乙卯甲	16.06.32	乙卯乙	——	——	——	——	36
4月	乙卯乙	5.09.41	丙辰乙	14.15.02	丙辰癸	17.16.49	丙辰戊	——	——	7
5月	丙辰戊	6.03.31	丁巳戊	11.08.22	丁巳庚	20.16.56	丁巳丙	——	——	37
6月	丁巳丙	6.08.05	戊午丙	16.19.58	戊午己	26.06.18	戊午丁	——	——	8
7月	戊午丁	7.18.31	己未丁	17.04.37	己未乙	20.07.59	己未己	——	——	38
8月	己未己	8.04.11	庚申己	15.09.34	庚申戊	18.12.14	庚申壬	21.14.53	庚申庚	9
9月	庚申庚	8.06.43	辛酉庚	18.12.09	辛酉辛	——	——	——	——	40
10月	辛酉辛	8.21.51	壬戌辛	17.22.39	壬戌丁	20.22.55	壬戌戊	——	——	10
11月	壬戌戊	8.00.31	癸亥戊	14.22.41	癸亥甲	19.21.30	癸亥壬	——	——	41
12月	癸亥壬	7.16.59	甲子壬	17.13.03	申子癸	——	——	——	——	11

1929 年(民國 18 年)

年柱	戊辰戊→2月4日15時49分→己巳戊→4月6日13時44分→己巳庚 己巳庚→7月25日3時28分→己巳丙									
月柱	自　至	日 時 分	自　至	日 時 分	自　至	日 時 分	自　至	日 時 分	自　至	日柱
1月	甲子癸	6.04.03	乙丑癸	15.00.23	乙丑辛	17.23.09	乙丑己	——	——	42
2月	乙丑己	4.15.49	丙寅戊	11.14.25	丙寅丙	18.13.02	丙寅甲	——	——	13
3月	丙寅甲	6.10.11	丁卯甲	16.12.21	丁卯乙	——	——	——	——	41
4月	丁卯乙	5.15.30	戊辰乙	14.20.51	戊辰癸	17.22.38	戊辰戊	——	——	12
5月	戊辰戊	6.09.20	己巳戊	11.14.10	己巳庚	20.22.45	己巳丙	——	——	42
6月	己巳丙	6.13.54	庚午丙	17.01.47	庚午己	26.12.06	庚午丁	——	——	13
7月	庚午丁	8.00.19	辛未丁	17.10.26	辛未乙	20.13.48	辛未己	——	——	43
8月	辛未己	8.10.00	壬申己	15.15.23	壬申戊	18.18.02	壬申壬	21.20.42	壬申庚	14
9月	壬申庚	8.12.32	癸酉庚	18.17.58	癸酉辛	——	——	——	——	45
10月	癸酉辛	9.03.39	甲戌辛	18.04.27	甲戌丁	21.04.43	甲戌戊	——	——	15
11月	甲戌戊	8.06.19	乙亥戊	15.04.29	乙亥甲	20.03.19	乙亥壬	——	——	46
12月	乙亥壬	7.22.48	丙子壬	17.18.52	丙子癸	——	——	——	——	16

1930年(民國19年)

年柱	己巳丙→2月4日21時38分→庚午丙→6月6日20時17分→庚午己									
	庚午己→9月24日10時02分→庚午丁									
月柱	自　至	日 時 分	自　至	日 時 分	自　至	日 時 分	自　至	日 時 分	自　至	日柱
1月	丙子癸	6.09.52	丁丑癸	15.06.11	丁丑辛	18.04.58	丁丑己	——	——	47
2月	丁丑己	4.21.38	戊寅戊	11.20.14	戊寅丙	18.18.51	戊寅甲	——	——	18
3月	戊寅甲	6.16.00	己卯甲	16.18.09	己卯乙	——	——	——	——	46
4月	己卯乙	5.21.19	庚辰乙	15.02.40	庚辰癸	18.04.27	庚辰戊	——	——	17
5月	庚辰戊	6.15.09	辛巳戊	11.19.59	辛巳庚	21.04.33	辛巳丙	——	——	47
6月	辛巳丙	6.19.43	壬午丙	17.07.35	壬午己	26.17.55	壬午丁	——	——	18
7月	壬午丁	8.06.08	癸未丁	17.16.14	癸未乙	20.19.36	癸未己	——	——	48
8月	癸未己	8.15.49	甲申己	15.21.12	甲申戊	18.23.51	甲申壬	22.02.30	甲申庚	19
9月	甲申庚	8.18.21	乙酉庚	18.23.47	乙酉辛	——	——	——	——	50
10月	乙酉辛	9.09.28	丙戌辛	18.10.16	丙戌丁	21.10.32	丙戌戊	——	——	20
11月	丙戌戊	8.12.08	丁亥戊	15.10.18	丁亥甲	20.09.07	丁亥壬	——	——	51
12月	丁亥壬	8.04.37	戊子壬	18.00.41	戊子癸	——	——	——	——	21

1931年(民國20年)

年柱	庚午丁→2月5日3時26分→辛未丁→5月25日17時11分→辛未乙									
	辛未乙→7月1日5時46分→辛未己									
月柱	自　至	日 時 分	自　至	日 時 分	自　至	日 時 分	自　至	日 時 分	自　至	日柱
1月	戊子癸	6.15.41	己丑癸	15.12.00	己丑辛	18.10.47	己丑己	——	——	52
2月	己丑己	5.03.26	庚寅戊	12.02.03	庚寅丙	19.00.40	庚寅甲	——	——	23
3月	庚寅甲	6.21.49	辛卯甲	16.23.58	辛卯乙	——	——	——	——	51
4月	辛卯乙	6.03.07	壬辰乙	15.08.28	壬辰癸	18.10.15	壬辰戊	——	——	22
5月	壬辰戊	6.20.58	癸巳戊	12.01.48	癸巳庚	21.10.22	癸巳丙	——	——	52
6月	癸巳丙	7.01.31	甲午丙	17.13.24	甲午己	26.23.44	甲午丁	——	——	23
7月	甲午丁	8.11.57	乙未丁	17.22.03	乙未乙	21.01.25	乙未己	——	——	53
8月	乙未己	8.21.37	丙申己	16.03.01	丙申戊	19.05.40	丙申壬	22.08.19	丙申庚	24
9月	丙申庚	9.00.09	丁酉庚	19.05.35	丁酉辛	——	——	——	——	55
10月	丁酉辛	9.15.17	戊戌辛	18.16.05	戊戌丁	21.16.21	戊戌戊	——	——	25
11月	戊戌戊	8.17.57	己亥戊	15.16.07	己亥甲	20.14.56	己亥壬	——	——	56
12月	己亥壬	8.10.25	庚子壬	18.06.30	庚子癸	——	——	——	——	26

1932 年(民國 21 年) 閏

年柱	辛未己→2月5日9時18分→壬申己→4月30日5時14分→壬申戊									
	壬申戊→6月5日17時49分→壬申壬→7月12日6時24分→壬申庚									
月柱	自 至	日 時 分	自 至	日 時 分	自 至	日 時 分	自 至	日 時 分	自 至	日柱
1月	庚子癸	6.21.33	辛丑癸	15.17.52	辛丑辛	18.16.39	辛丑己	——	——	57
2月	辛丑己	5.09.18	壬寅戊	12.07.54	壬寅丙	19.06.31	壬寅甲	——	——	28
3月	壬寅甲	6.03.39	癸卯甲	16.05.48	癸卯乙	——	——	——	——	57
4月	癸卯乙	5.08.56	甲辰乙	14.14.17	甲辰癸	17.16.04	甲辰戊	——	——	28
5月	甲辰戊	6.02.45	乙巳戊	11.07.35	乙巳庚	20.16.09	乙巳丙	——	——	58
6月	乙巳丙	6.07.17	丙午丙	16.19.10	丙午己	26.05.29	丙午丁	——	——	29
7月	丙午丁	7.17.42	丁未丁	17.03.49	丁未乙	20.07.11	丁未己	——	——	59
8月	丁未己	8.03.23	戊申己	15.08.47	戊申戊	18.11.26	戊申壬	21.14.05	戊申庚	30
9月	戊申庚	8.05.57	己酉庚	18.11.23	己酉辛	——	——	——	——	1
10月	己酉辛	8.21.06	庚戌辛	17.21.54	庚戌丁	20.22.10	庚戌戊	——	——	31
11月	庚戌戊	7.23.47	辛亥戊	14.21.58	辛亥甲	19.20.10	辛亥壬	——	——	2
12月	辛亥壬	7.16.17	壬子壬	17.12.22	壬子癸	——	——	——	——	32

1933 年(民國 22 年)

年柱	壬申庚→2月4日15時07分→癸酉庚→6月6日13時46分→癸酉辛									
月柱	自 至	日 時 分	自 至	日 時 分	自 至	日 時 分	自 至	日 時 分	自 至	日柱
1月	壬子癸	6.03.21	癸丑癸	14.23.41	癸丑辛	17.22.28	癸丑己	——	——	3
2月	癸丑己	4.15.07	甲寅戊	11.13.43	甲寅丙	18.12.19	甲寅甲	——	——	34
3月	甲寅甲	6.09.28	乙卯甲	16.11.37	乙卯乙	——	——	——	——	2
4月	乙卯乙	5.14.45	丙辰乙	14.20.05	丙辰癸	17.21.52	丙辰戊	——	——	33
5月	丙辰戊	6.08.33	丁巳戊	11.13.24	丁巳庚	20.21.57	丁巳丙	——	——	3
6月	丁巳丙	6.13.06	戊午丙	17.00.59	戊午己	26.11.18	戊午丁	——	——	34
7月	戊午丁	7.23.31	己未丁	17.09.37	己未乙	20.12.59	己未己	——	——	4
8月	己未己	8.09.12	庚申己	15.14.36	庚申戊	18.17.15	庚申壬	21.19.54	庚申庚	35
9月	庚申庚	8.11.45	辛酉庚	18.17.12	辛酉辛	——	——	——	——	6
10月	辛酉辛	9.02.54	壬戌辛	18.03.43	壬戌丁	21.03.59	壬戌戊	——	——	36
11月	壬戌戊	8.05.36	癸亥戊	15.03.46	癸亥甲	20.02.36	癸亥壬	——	——	7
12月	癸亥壬	7.22.06	甲子壬	17.18.10	甲子癸	——	——	——	——	37

1934 年(民國 23 年)

年柱	癸酉辛→2月4日20時56分→甲戌辛→5月25日10時40分→甲戌丁									
	甲戌丁→6月30日23時15分→甲戌戊									
月柱	自　至	日　時　分	自　至	日　時　分	自　至	日　時　分	自　至	日　時　分	自　至	日柱
1月	甲子癸	6.09.10	乙丑癸	15.05.30	乙丑辛	18.04.16	乙丑己	——	——	8
2月	乙丑己	4.20.56	丙寅戊	11.19.32	丙寅丙	18.18.08	丙寅甲	——	——	39
3月	丙寅甲	6.15.17	丁卯甲	16.17.26	丁卯乙	——	——	——	——	7
4月	丁卯乙	5.20.34	戊辰乙	15.01.54	戊辰癸	18.03.41	戊辰戊	——	——	38
5月	戊辰戊	6.14.22	己巳戊	11.19.12	己巳庚	21.03.46	己巳丙	——	——	8
6月	己巳丙	6.18.55	庚午丙	17.06.47	庚午己	26.17.07	庚午丁	——	——	39
7月	庚午丁	8.05.20	辛未丁	17.15.26	辛未乙	20.18.48	辛未己	——	——	9
8月	辛未己	8.15.01	壬申己	15.20.24	壬申戊	18.23.04	壬申壬	22.01.43	壬申庚	40
9月	壬申庚	8.17.34	癸酉庚	18.23.01	癸酉辛	——	——	——	——	11
10月	癸酉辛	9.08.43	甲戌辛	18.09.32	甲戌丁	21.09.48	甲戌戊	——	——	41
11月	甲戌戊	8.11.25	乙亥戊	15.09.35	乙亥甲	20.08.25	乙亥壬	——	——	12
12月	乙亥壬	8.03.54	丙子壬	17.23.59	丙子癸	——	——	——	——	42

1935 年(民國 24 年)

年柱	甲戌戊→2月5日2時44分→乙亥戊→5月1日7時09分→乙亥甲									
	乙亥甲→7月1日5時04分→乙亥壬									
月柱	自　至	日　時　分	自　至	日　時　分	自　至	日　時　分	自　至	日　時　分	自　至	日柱
1月	丙子癸	6.14.59	丁丑癸	15.11.19	丁丑辛	18.10.05	丁丑己	——	——	13
2月	丁丑己	5.02.44	戊寅戊	12.01.21	戊寅丙	18.23.57	戊寅甲	——	——	44
3月	戊寅甲	6.21.05	己卯甲	16.23.15	己卯乙	——	——	——	——	12
4月	己卯乙	6.02.23	庚辰乙	15.07.43	庚辰癸	18.09.30	庚辰戊	——	——	43
5月	庚辰戊	6.20.11	辛巳戊	12.01.01	辛巳庚	21.09.35	辛巳丙	——	——	13
6月	辛巳丙	7.00.43	壬午丙	17.12.36	壬午己	26.22.56	壬午丁	——	——	44
7月	壬午丁	8.11.09	癸未丁	17.21.15	癸未乙	21.00.37	癸未己	——	——	14
8月	癸未己	8.20.49	甲申己	16.02.13	甲申戊	19.04.52	甲申壬	22.07.32	甲申庚	45
9月	甲申庚	8.23.23	乙酉庚	19.04.49	乙酉辛	——	——	——	——	16
10月	乙酉辛	9.14.32	丙戌辛	18.15.20	丙戌丁	21.15.36	丙戌戊	——	——	46
11月	丙戌戊	8.17.13	丁亥戊	15.15.24	丁亥甲	20.14.13	丁亥壬	——	——	17
12月	丁亥壬	8.09.43	戊子壬	18.05.48	戊子癸	——	——	——	——	47

1936年(民國25年) 閏

年柱	乙亥壬→2月5日8時36分→丙子壬→6月6日7時15分→丙子癸										
月柱	自 至	日 時 分	自 至	日 時 分	自 至	日 時 分	自 至	日 時 分	自 至	日柱
1月	戊子癸	6.20.51	己丑癸	15.17.10	己丑辛	18.15.57	己丑己	——	——	18
2月	己丑己	5.08.36	庚寅戊	12.07.12	庚寅丙	19.05.48	庚寅甲	——	——	49
3月	庚寅甲	6.02.56	辛卯甲	16.05.04	辛卯乙	——	——	——	——	18
4月	辛卯乙	5.08.11	壬辰乙	14.13.31	壬辰癸	17.15.18	壬辰戊	——	——	49
5月	壬辰戊	6.01.58	癸巳戊	11.06.48	癸巳庚	20.15.21	癸巳丙	——	——	19
6月	癸巳丙	6.06.29	甲午丙	16.18.22	甲午己	26.04.41	甲午丁	——	——	50
7月	甲午丁	7.16.54	乙未丁	17.03.00	乙未乙	20.06.22	乙未己	——	——	20
8月	乙未己	8.02.35	丙申己	15.07.59	丙申戊	18.10.39	丙申壬	21.13.18	丙申庚	51
9月	丙申庚	8.05.10	丁酉庚	18.10.37	丁酉辛	——	——	——	——	22
10月	丁酉辛	8.20.21	戊戌辛	17.21.10	戊戌丁	20.21.26	戊戌戊	——	——	52
11月	戊戌戊	7.23.04	己亥戊	14.21.15	己亥甲	19.20.04	己亥壬	——	——	23
12月	己亥壬	7.15.35	庚子壬	17.11.40	庚子癸	——	——	——	——	53

1937年(民國26年)

年柱	丙子癸→2月4日14時25分→丁丑癸→5月25日4時10分→丁丑辛 丁丑辛→6月30日16時45分→丁丑己									
月柱	自 至	日 時 分	自 至	日 時 分	自 至	日 時 分	自 至	日 時 分	自 至	日柱
1月	庚子癸	6.02.40	辛丑癸	14.22.59	辛丑辛	17.21.46	辛丑己	——	——	24
2月	辛丑己	4.14.25	壬寅戊	11.13.01	壬寅丙	18.11.37	壬寅甲	——	——	55
3月	壬寅甲	6.08.45	癸卯甲	16.10.53	癸卯乙	——	——	——	——	23
4月	癸卯乙	5.14.00	甲辰乙	14.19.20	甲辰癸	17.21.07	甲辰戊	——	——	54
5月	甲辰戊	6.07.47	乙巳戊	11.12.37	乙巳庚	20.21.10	乙巳丙	——	——	24
6月	乙巳丙	6.12.18	丙午丙	17.00.11	丙午己	26.10.30	丙午丁	——	——	55
7月	丙午丁	7.22.43	丁未丁	17.08.49	丁未乙	20.12.11	丁未己	——	——	25
8月	丁未己	8.08.24	戊申己	15.13.48	戊申戊	18.16.27	戊申壬	21.19.07	戊申庚	56
9月	戊申庚	8.10.59	己酉庚	18.16.26	己酉辛	——	——	——	——	27
10月	己酉辛	9.02.09	庚戌辛	18.02.58	庚戌丁	21.03.15	庚戌戊	——	——	57
11月	庚戌戊	8.04.53	辛亥戊	15.03.03	辛亥甲	20.01.53	辛亥壬	——	——	28
12月	辛亥壬	7.21.24	壬子壬	17.17.28	壬子癸	——	——	——	——	58

1938 年(民國 27 年)

年柱	
	丁丑己→ 2 月 4 日20時14分→戊寅戊→ 5 月 1 日00時39分→戊寅丙
	戊寅丙→ 7 月25日 5 時04分→戊寅甲

月柱	自　至	日 時 分	自　至	日 時 分	自　至	日 時 分	自　至	日 時 分	自　至	日柱
1月	壬子癸	6.08.28	癸丑癸	15.04.48	癸丑辛	18.03.35	癸丑己	——	——	29
2月	癸丑己	4.20.14	甲寅戊	11.18.50	甲寅丙	18.17.26	甲寅甲	——	——	0
3月	甲寅甲	6.14.33	乙卯甲	16.16.42	乙卯乙	——	——	——	——	28
4月	乙卯乙	5.19.49	丙辰乙	15.01.09	丙辰癸	18.02.56	丙辰戊	——	——	59
5月	丙辰戊	6.13.36	丁巳戊	11.18.26	丁巳庚	21.02.59	丁巳丙	——	——	29
6月	丁巳丙	6.18.07	戊午丙	17.05.59	戊午己	26.16.19	戊午丁	——	——	0
7月	戊午丁	8.04.31	己未丁	17.14.38	己未乙	20.18.00	己未己	——	——	30
8月	己未己	8.14.13	庚申己	15.19.37	庚申戊	18.22.16	庚申壬	22.00.56	庚申庚	1
9月	庚申庚	8.16.47	辛酉庚	18.22.15	辛酉辛	——	——	——	——	32
10月	辛酉辛	9.07.58	壬戌辛	18.08.47	壬戌丁	21.09.03	壬戌戊	——	——	2
11月	壬戌戊	8.10.41	癸亥戊	15.08.52	癸亥甲	20.07.42	癸亥壬	——	——	33
12月	癸亥壬	8.03.12	甲子壬	17.23.17	甲子癸	——	——	——	——	3

1939 年(民國 28 年)

年柱	
	戊寅甲→ 2 月 5 日 2 時02分→己卯甲→ 6 月 7 日00時42分→己卯乙

月柱	自　至	日 時 分	自　至	日 時 分	自　至	日 時 分	自　至	日 時 分	自　至	日柱
1月	甲子癸	6.14.17	乙丑癸	15.10.37	乙丑辛	18.09.23	乙丑己	——	——	34
2月	乙丑己	5.02.02	丙寅戊	12.00.38	丙寅丙	18.23.14	丙寅甲	——	——	5
3月	丙寅甲	6.20.22	丁卯甲	16.22.31	丁卯乙	——	——	——	——	33
4月	丁卯乙	6.01.38	戊辰乙	15.06.58	戊辰癸	18.08.44	戊辰戊	——	——	4
5月	戊辰戊	6.19.24	己巳戊	12.00.15	己巳庚	21.08.48	己巳丙	——	——	34
6月	己巳丙	6.23.56	庚午丙	17.11.48	庚午己	26.22.08	庚午丁	——	——	5
7月	庚午丁	8.10.20	辛未丁	17.20.27	辛未乙	20.23.49	辛未己	——	——	35
8月	辛未己	8.20.01	壬申己	16.01.25	壬申戊	19.04.05	壬申壬	22.06.44	壬申庚	6
9月	壬申庚	8.22.36	癸酉庚	19.04.03	癸酉辛	——	——	——	——	37
10月	癸酉辛	9.13.47	甲戌辛	18.14.36	甲戌丁	21.14.52	甲戌戊	——	——	7
11月	甲戌戊	8.16.30	乙亥戊	15.14.41	乙亥甲	20.13.31	乙亥壬	——	——	38
12月	乙亥壬	8.09.01	丙子壬	18.05.06	丙子癸	——	——	——	——	8

1940 年(民國 29 年) 閏

年柱	己卯乙→2 月 5 日 7 時54分→庚辰乙→5 月24日21時39分→庚辰癸									
	庚辰癸→6 月30日10時14分→庚辰戊									
月柱	自 至	日 時 分	自 至	日 時 分	自 至	日 時 分	自 至	日 時 分	自 至	日柱
1 月	丙子癸	6.20.09	丁丑癸	15.16.29	丁丑辛	18.15.15	丁丑己	——	——	39
2 月	丁丑己	5.07.54	戊寅戊	12.06.30	戊寅丙	19.05.05	戊寅甲	——	——	10
3 月	戊寅甲	6.02.13	己卯甲	16.04.21	己卯乙	——	——	——	——	39
4 月	己卯乙	5.07.27	庚辰乙	14.12.46	庚辰癸	17.14.33	庚辰戊	——	——	10
5 月	庚辰戊	6.01.11	辛巳戊	11.06.01	辛巳庚	20.14.34	辛巳丙	——	——	40
6 月	辛巳丙	6.05.41	壬午丙	16.17.34	壬午己	26.03.53	壬午丁	——	——	11
7 月	壬午丁	7.16.06	癸未丁	17.02.12	癸未乙	20.05.34	癸未己	——	——	41
8 月	癸未己	8.01.47	甲申己	15.07.12	甲申戊	18.09.51	甲申壬	21.12.31	甲申庚	12
9 月	甲申庚	8.04.23	乙酉庚	18.09.51	乙酉辛	——	——	——	——	43
10月	乙酉辛	8.19.36	丙戌辛	17.20.25	丙戌丁	20.20.42	丙戌戊	——	——	13
11月	丙戌戊	7.22.21	丁亥戊	14.20.32	丁亥甲	19.19.22	丁亥壬	——	——	44
12月	丁亥壬	7.14.53	戊子壬	17.10.58	戊子癸	——	——	——	——	14

1941 年(民國 30 年)

年柱	庚辰戊→2 月 4 日13時43分→辛巳戊→4 月 6 日11時38分→辛巳庚									
	辛巳庚→7 月25日 1 時22分→辛巳丙									
月柱	自 至	日 時 分	自 至	日 時 分	自 至	日 時 分	自 至	日 時 分	自 至	日柱
1 月	戊子癸	6.01.58	己丑癸	14.22.18	己丑辛	17.21.04	己丑己	——	——	45
2 月	己丑己	4.13.43	庚寅戊	11.12.19	庚寅丙	18.10.54	庚寅甲	——	——	16
3 月	庚寅甲	6.08.01	辛卯甲	16.10.10	辛卯乙	——	——	——	——	44
4 月	辛卯乙	5.13.15	壬辰乙	14.18.35	壬辰癸	17.20.21	壬辰戊	——	——	15
5 月	壬辰戊	6.07.00	癸巳戊	11.11.50	癸巳庚	20.20.23	癸巳丙	——	——	45
6 月	癸巳丙	6.11.30	甲午丙	16.23.23	甲午己	26.09.42	甲午丁	——	——	16
7 月	甲午丁	7.21.54	乙未丁	17.08.01	乙未乙	20.11.23	乙未己	——	——	46
8 月	乙未己	8.07.36	丙申己	15.13.00	丙申戊	18.15.40	丙申壬	21.18.19	丙申庚	17
9 月	丙申庚	8.10.12	丁酉庚	18.15.40	丁酉辛	——	——	——	——	48
10月	丁酉辛	9.01.24	戊戌辛	18.02.14	戊戌丁	21.02.30	戊戌戊	——	——	18
11月	戊戌戊	8.04.09	己亥戊	15.02.20	己亥甲	20.01.10	己亥壬	——	——	49
12月	己亥壬	7.20.42	庚子壬	17.16.46	庚子癸	——	——	——	——	19

1942年(民國31年)

年柱	辛巳丙→2月4日19時32分→壬午丙→6月6日18時11分→壬午己
	壬午己→9月24日7時56分→壬午丁

月柱	自　至	日　時　分	自　至	日　時　分	自　至	日　時　分	自　至	日　時　分	自　至	日柱
1月	庚子癸	6.07.47	辛丑癸	15.04.06	辛丑辛	18.02.53	辛丑己	——	——	50
2月	辛丑己	4.19.32	壬寅戊	11.18.07	壬寅丙	18.16.43	壬寅甲	——	——	21
3月	壬寅甲	6.13.50	癸卯甲	16.15.58	癸卯乙	——	——	——	——	49
4月	癸卯乙	5.19.04	甲辰乙	15.00.24	甲辰癸	18.02.10	甲辰戊	——	——	20
5月	甲辰戊	6.12.49	乙巳戊	11.17.39	乙巳庚	21.02.12	乙巳丙	——	——	50
6月	乙巳丙	6.17.19	丙午丙	17.05.11	丙午己	26.15.31	丙午丁	——	——	21
7月	丙午丁	8.03.43	丁未丁	17.13.50	丁未乙	20.17.12	丁未己	——	——	51
8月	丁未己	8.13.25	戊申己	15.18.49	戊申戊	18.21.29	戊申壬	22.00.08	戊申庚	22
9月	戊申庚	8.16.01	己酉庚	18.21.28	己酉辛	——	——	——	——	53
10月	己酉辛	9.07.13	庚戌辛	18.08.03	庚戌丁	21.08.19	庚戌戊	——	——	23
11月	庚戌戊	8.09.58	辛亥戊	15.08.09	辛亥甲	20.06.59	辛亥壬	——	——	54
12月	辛亥壬	8.02.30	壬子壬	17.22.35	壬子癸	——	——	——	——	24

1943年(民國32年)

年柱	壬午丁→2月5日1時20分→癸未丁→5月25日15時15分→癸未乙
	癸未乙→7月1日3時40分→癸未己

月柱	自　至	日　時　分	自　至	日　時　分	自　至	日　時　分	自　至	日　時　分	自　至	日柱
1月	壬子癸	6.13.36	癸丑癸	15.09.55	癸丑辛	18.08.42	癸丑己	——	——	55
2月	癸丑己	5.01.20	甲寅戊	11.23.56	甲寅丙	18.22.32	甲寅甲	——	——	26
3月	甲寅甲	6.19.39	乙卯甲	16.21.47	乙卯乙	——	——	——	——	54
4月	乙卯乙	6.00.53	丙辰乙	15.06.12	丙辰癸	18.07.59	丙辰戊	——	——	25
5月	丙辰戊	6.18.38	丁巳戊	11.23.28	丁巳庚	21.08.01	丁巳丙	——	——	55
6月	丁巳丙	6.23.08	戊午丙	17.11.00	戊午己	26.21.19	戊午丁	——	——	26
7月	戊午丁	8.09.32	己未丁	17.19.38	己未乙	20.23.00	己未己	——	——	56
8月	己未己	8.19.13	庚申己	16.00.38	庚申戊	19.03.17	庚申壬	22.05.57	庚申庚	27
9月	庚申庚	8.21.49	辛酉庚	19.03.17	辛酉辛	——	——	——	——	58
10月	辛酉辛	9.13.02	壬戌辛	18.13.51	壬戌丁	21.14.08	壬戌戊	——	——	28
11月	壬戌戊	8.15.47	癸亥戊	15.13.58	癸亥甲	20.12.48	癸亥壬	——	——	59
12月	癸亥壬	8.08.19	甲子壬	18.04.24	甲子癸	——	——	——	——	29

1944 年(民國 33 年) 閏

年柱	癸未己→2月5日7時12分→甲申己→4月30日3時08分→甲申戊									
	甲申戊→6月5日15時43分→甲申壬→7月12日4時18分→甲申庚									
月柱	自 至	日 時 分	自 至	日 時 分	自 至	日 時 分	自 至	日 時 分	自 至	日柱
1月	甲子癸	6.19.28	乙丑癸	15.15.47	乙丑辛	18.14.33	乙丑己	——	——	0
2月	乙丑己	5.07.12	丙寅戊	12.05.47	丙寅丙	19.04.23	丙寅甲	——	——	31
3月	丙寅甲	6.01.30	丁卯甲	16.03.37	丁卯乙	——	——	——	——	0
4月	丁卯乙	5.06.42	戊辰乙	14.12.01	戊辰癸	17.13.47	戊辰戊	——	——	31
5月	戊辰戊	6.00.25	己巳戊	11.05.15	己巳庚	20.13.47	己巳丙	——	——	1
6月	己巳丙	6.04.54	庚午丙	16.16.46	庚午己	26.03.05	庚午丁	——	——	32
7月	庚午丁	7.15.17	辛未丁	17.01.24	辛未乙	20.04.46	辛未己	——	——	2
8月	辛未己	8.00.59	壬申己	15.06.24	壬申戊	18.09.04	壬申壬	21.11.43	壬申庚	33
9月	壬申庚	8.03.36	癸酉庚	18.09.05	癸酉辛	——	——	——	——	4
10月	癸酉辛	8.18.51	甲戌辛	17.19.41	甲戌丁	20.19.57	甲戌戊	——	——	34
11月	甲戌戊	7.21.37	乙亥戊	14.19.49	乙亥甲	19.18.39	乙亥壬	——	——	5
12月	乙亥壬	7.14.11	丙子壬	17.10.16	丙子癸	——	——	——	——	35

1945 年(民國 34 年)

年柱	甲申庚→2月4日13時01分→乙酉庚→6月6日11時40分→乙酉辛									
月柱	自 至	日 時 分	自 至	日 時 分	自 至	日 時 分	自 至	日 時 分	自 至	日柱
1月	丙子癸	6.01.16	丁丑癸	14.21.36	丁丑辛	17.20.22	丁丑己	——	——	6
2月	丁丑己	4.13.01	戊寅戊	11.11.36	戊寅丙	18.10.12	戊寅甲	——	——	37
3月	戊寅甲	6.07.18	己卯甲	16.09.26	己卯乙	——	——	——	——	5
4月	己卯乙	5.12.31	庚辰乙	14.17.50	庚辰癸	17.19.36	庚辰戊	——	——	36
5月	庚辰戊	6.06.14	辛巳戊	11.11.03	辛巳庚	20.19.36	辛巳丙	——	——	6
6月	辛巳丙	6.10.42	壬午丙	16.22.35	壬午己	26.08.54	壬午丁	——	——	37
7月	壬午丁	7.21.06	癸未丁	17.07.13	癸未乙	20.10.35	癸未己	——	——	7
8月	癸未己	8.06.48	甲申己	15.12.13	甲申戊	18.14.52	甲申壬	21.17.32	甲申庚	38
9月	甲申庚	8.09.25	乙酉庚	18.14.54	乙酉辛	——	——	——	——	9
10月	乙酉辛	9.00.39	丙戌辛	18.01.29	丙戌丁	21.01.46	丙戌戊	——	——	39
11月	丙戌戊	8.03.26	丁亥戊	15.01.37	丁亥甲	20.00.27	丁亥壬	——	——	10
12月	丁亥壬	7.19.59	戊子壬	17.16 04	戊子癸	——	——	——	——	40

1946 年(民國 35 年)

年柱	己酉辛→2月4日18時50分→丙戌辛→5月25日8時34分→丙戌丁									
	丙戌丁→6月30日21時09分→丙戌戊									
月柱	自　至	日 時 分	自　至	日 時 分	自　至	日 時 分	自　至	日 時 分	自　至	日柱
1月	戊子癸	6.07.05	己丑癸	15.03.25	己丑辛	18.02.11	己丑己	——	——	11
2月	己丑己	4.18.50	庚寅戊	11.17.25	庚寅丙	18.16.01	庚寅甲	——	——	42
3月	庚寅甲	6.13.07	辛卯甲	16.15.15	辛卯乙	——	——	——	——	10
4月	辛卯乙	5.18.19	壬辰乙	14.23.38	壬辰癸	18.01.25	壬辰戊	——	——	41
5月	壬辰戊	6.12.03	癸巳戊	11.16.52	癸巳庚	21.01.25	癸巳丙	——	——	11
6月	癸巳丙	6.16.31	甲午丙	17.04.23	甲午己	26.14.42	甲午丁	——	——	42
7月	甲午丁	8.02.55	乙未丁	17.13.01	乙未乙	20.16.24	乙未己	——	——	12
8月	乙未己	8.12.37	丙申己	15.18.01	丙申戊	18.20.41	丙申壬	21.23.21	丙申庚	43
9月	丙申庚	8.15.14	丁酉庚	18.20.42	丁酉辛	——	——	——	——	14
10月	丁酉辛	9.06.28	戊戌辛	18.07.18	戊戌丁	21.07.35	戊戌戊	——	——	44
11月	戊戌戊	8.09.15	己亥戊	15.07.26	己亥甲	20.06.16	己亥壬	——	——	15
12月	己亥壬	8.01.48	庚子壬	17.21.53	庚子癸	——	——	——	——	45

1947 年(民國 36 年)

年柱	丙戌戊→2月5日00時38分→丁亥戊→5月1日5時03分→丁亥甲									
	丁亥甲→7月1日2時58分→丁亥壬									
月柱	自　至	日 時 分	自　至	日 時 分	自　至	日 時 分	自　至	日 時 分	自　至	日柱
1月	庚子癸	6.12.54	辛丑癸	15.09.13	辛丑辛	18.08.00	辛丑己	——	——	16
2月	辛丑己	5.00.38	壬寅戊	11.23.14	壬寅丙	18.21.49	壬寅甲	——	——	47
3月	壬寅甲	6.18.56	癸卯甲	16.21.03	癸卯乙	——	——	——	——	15
4月	癸卯乙	6.00.08	甲辰乙	15.05.27	甲辰癸	18.07.13	甲辰戊	——	——	46
5月	甲辰戊	6.17.51	乙巳戊	11.22.41	乙巳庚	21.07.14	乙巳丙	——	——	16
6月	乙巳丙	6.22.20	丙午丙	17.10.12	丙午己	26.20.31	丙午丁	——	——	47
7月	丙午丁	8.08.43	丁未丁	17.18.50	丁未乙	20.22.12	丁未己	——	——	17
8月	丁未己	8.18.26	戊申己	15.23.50	戊申戊	19.02.30	戊申壬	22.05.09	戊申庚	48
9月	戊申庚	8.21.03	己酉庚	19.02.31	己酉辛	——	——	——	——	19
10月	己酉辛	9.12.17	庚戌辛	18.13.07	庚戌丁	21.13.23	庚戌戊	——	——	49
11月	庚戌戊	8.15.03	辛亥戊	15.13.15	辛亥甲	20.12.05	辛亥壬	——	——	20
12月	辛亥壬	8.07.37	壬子壬	18.03.42	壬子癸	——	——	——	——	50

1948 年(民國 37 年) 閏

年柱	丁亥壬→2 月 5 日 6 時30分→戊子壬→6 月 6 日 5 時09分→戊子癸									
月柱	自　至	日 時 分	自　至	日 時 分	自　至	日 時 分	自　至	日 時 分	自　至	日柱
1月	壬子癸	6.18.46	癸丑癸	15.15.05	癸丑辛	18.13.52	癸丑己	——	——	21
2月	癸丑己	5.06.30	甲寅戊	12.05.05	甲寅丙	19.03.40	甲寅甲	——	——	52
3月	甲寅甲	6.00.46	乙卯甲	16.02.53	乙卯乙	——	——	——	——	21
4月	乙卯乙	5.05.57	丙辰乙	14.11.15	丙辰癸	17.13.02	丙辰戊	——	——	52
5月	丙辰戊	5.23.38	丁巳戊	11.04.28	丁巳庚	20.13.00	丁巳丙	——	——	22
6月	丁巳丙	6.04.06	戊午丙	16.15.58	戊午己	26.02.17	戊午丁	——	——	53
7月	戊午丁	7.14.29	己未丁	17.00.36	己未乙	20.03.58	己未己	——	——	23
8月	己未己	8.00.11	庚申己	15.05.36	庚申戊	18.08.16	庚申壬	21.10.56	庚申庚	54
9月	庚申庚	8.02.50	辛酉庚	18.08.19	辛酉辛	——	——	——	——	25
10月	辛酉辛	8.18.06	壬戌辛	17.18.56	壬戌丁	20.19.13	壬戌戊	——	——	55
11月	壬戌戊	7.20.54	癸亥戊	14.19.05	癸亥甲	19.17.56	癸亥壬	——	——	26
12月	癸亥壬	7.13.29	甲子壬	17.09.34	甲子癸	——	——	——	——	56

1949 年(民國 38 年)

年柱	戊子癸→2 月 4 日12時19分→己丑癸→5 月25日 2 時04分→己丑辛 己丑辛→6 月30日14時39分→己丑己									
月柱	自　至	日 時 分	自　至	日 時 分	自　至	日 時 分	自　至	日 時 分	自　至	日柱
1月	甲子癸	6.00.35	乙丑癸	14.20.54	乙丑辛	17.19.40	乙丑己	——	——	27
2月	乙丑己	4.12.19	丙寅戊	11.10.54	丙寅丙	18.09.29	丙寅甲	——	——	58
3月	丙寅甲	6.06.35	丁卯甲	16.08.42	丁卯乙	——	——	——	——	26
4月	丁卯乙	5.11.46	戊辰乙	14.17.04	戊辰癸	17.18.50	戊辰戊	——	——	57
5月	戊辰戊	6.05.27	己巳戊	11.10.17	己巳庚	20.18.49	己巳丙	——	——	27
6月	己巳丙	6.09.55	庚午丙	16.21.47	庚午己	26.08.05	庚午丁	——	——	58
7月	庚午丁	7.20.18	辛未丁	17.06.24	辛未乙	20.09.47	辛未己	——	——	28
8月	辛未己	8.06.00	壬申己	15.11.25	壬申戊	18.14.05	壬申壬	21.16.45	壬申庚	59
9月	壬申庚	8.08.38	癸酉庚	18.14.07	癸酉辛	——	——	——	——	30
10月	癸酉辛	8.23.54	甲戌辛	18.00.45	甲戌丁	21.01.02	甲戌戊	——	——	0
11月	甲戌戊	8.02.43	乙亥戊	15.00.54	乙亥甲	19.23.45	乙亥壬	——	——	31
12月	乙亥壬	7.19.17	丙子壬	17.15.23	丙子癸	——	——	——	——	1

1950年(民國39年)

年柱	己丑己→2月4日18時08分→庚寅戊→4月30日22時33分→庚寅丙									
	庚寅丙→7月25日2時58分→庚寅甲									
月柱	自　至	日　時　分	自　至	日　時　分	自　至	日　時　分	自　至	日　時　分	自　至	日柱
1月	丙子癸	6.06.24	丁丑癸	15.02.43	丁丑辛	18.01.29	丁丑己	——	——	32
2月	丁丑己	4.18.08	戊寅戊	11.16.43	戊寅丙	18.15.18	戊寅甲	——	——	3
3月	戊寅甲	6.12.24	己卯甲	16.14.31	己卯乙	——	——	——	——	31
4月	己卯乙	5.17.35	庚辰乙	14.22.53	庚辰癸	18.00.39	庚辰戊	——	——	2
5月	庚辰戊	6.11.16	辛巳戊	11.16.05	辛巳庚	21.00.38	辛巳丙	——	——	32
6月	辛巳丙	6.15.43	壬午丙	17.03.35	壬午己	26.13.54	壬午丁	——	——	3
7月	壬午丁	8.02.06	癸未丁	17.12.13	癸未乙	20.15.35	癸未己	——	——	33
8月	癸未己	8.11.49	甲申己	15.17.14	甲申戊	18.19.53	甲申壬	21.22.33	甲申庚	4
9月	甲申庚	8.14.27	乙酉庚	18.19.56	乙酉辛	——	——	——	——	35
10月	乙酉辛	9.05.43	丙戌辛	18.06.34	丙戌丁	21.06.50	丙戌戊	——	——	5
11月	丙戌戊	8.08.31	丁亥戊	15.06.43	丁亥甲	20.05.33	丁亥壬	——	——	36
12月	丁亥壬	8.01.06	戊子壬	17.21.11	戊子癸	——	——	——	——	6

1951年(民國40年)

年柱	庚寅甲→2月4日23時56分→辛卯甲→6月6日22時36分→辛卯乙									
月柱	自　至	日　時　分	自　至	日　時　分	自　至	日　時　分	自　至	日　時　分	自　至	日柱
1月	戊子癸	6.12.12	己丑癸	15.08.32	己丑辛	18.07.18	己丑己	——	——	37
2月	己丑己	4.23.56	庚寅戊	11.22.32	庚寅丙	18.21.07	庚寅甲	——	——	8
3月	庚寅甲	6.18.13	辛卯甲	16.20.20	辛卯乙	——	——	——	——	36
4月	辛卯乙	5.23.23	壬辰乙	15.04.42	壬辰癸	18.06.28	壬辰戊	——	——	7
5月	壬辰戊	6.17.05	癸巳戊	11.21.54	癸巳庚	21.06.26	癸巳丙	——	——	37
6月	癸巳丙	6.21.32	甲午丙	17.09.24	甲午己	26.19.43	甲午丁	——	——	8
7月	甲午丁	8.07.55	乙未丁	17.18.02	乙未乙	20.21.24	乙未己	——	——	38
8月	乙未己	8.11.38	丙申己	15.23.02	丙申戊	19.01.42	丙申壬	22.04.22	丙申庚	9
9月	丙申庚	8.20.16	丁酉庚	19.01.45	丁酉辛	——	——	——	——	40
10月	丁酉辛	9.11.32	戊戌辛	18.12.22	戊戌丁	21.12.39	戊戌戊	——	——	10
11月	戊戌戊	8.14.20	己亥戊	15.12.32	己亥甲	20.11.22	己亥壬	——	——	41
12月	己亥壬	8.06.55	庚子壬	18.03.00	庚子癸	——	——	——	——	11

1952年(民國41年) 閏

年柱	辛卯乙→2月5日5時48分→壬辰乙→5月24日19時33分→壬辰癸									
	壬辰癸→6月30日8時08分→壬辰戊									
月柱	自 至	日 時 分	自 至	日 時 分	自 至	日 時 分	自 至	日 時 分	自 至	日柱
1月	庚子癸	6.18.04	辛丑癸	15.14.24	辛丑辛	18.13.10	辛丑己	——	——	42
2月	辛丑己	5.05.48	壬寅戊	12.04.23	壬寅丙	19.02.58	壬寅甲	——	——	13
3月	壬寅甲	6.00.03	癸卯甲	16.02.10	癸卯乙	——	——	——	——	42
4月	癸卯乙	5.05.12	甲辰乙	14.10.30	甲辰癸	17.12.16	甲辰戊	——	——	13
5月	甲辰戊	5.22.52	乙巳戊	11.03.41	乙巳庚	20.12.13	乙巳丙	——	——	43
6月	乙巳丙	6.03.18	丙午丙	16.15.10	丙午己	26.01.29	丙午丁	——	——	14
7月	丙午丁	7.13.40	丁未丁	16.23.47	丁未乙	20.03.10	丁未己	——	——	44
8月	丁未己	7.23.23	戊申己	15.04.49	戊申戊	18.07.28	戊申壬	21.10.08	戊甲庚	15
9月	戊申庚	8.02.03	己酉庚	18.07.33	己酉辛	——	——	——	——	46
10月	己酉辛	8.17.21	庚戌辛	17.18.12	庚戌丁	20.18.29	庚戌戊	——	——	16
11月	庚戌戊	7.20.11	辛亥戊	14.18.22	辛亥甲	19.17.13	辛亥壬	——	——	47
12月	辛亥壬	7.12.46	壬子壬	17.08.52	壬子癸	——	——	——	——	17

1953年(民國42年)

年柱	壬辰戊→2月4日11時37分→癸巳戊→4月6日9時32分→癸巳庚									
	癸巳庚→7月24日23時16分→癸巳丙									
月柱	自 至	日 時 分	自 至	日 時 分	自 至	日 時 分	自 至	日 時 分	自 至	日柱
1月	壬子癸	5.23.53	癸丑癸	14.20.12	癸丑辛	17.18.59	癸丑己	——	——	48
2月	癸丑己	4.11.37	甲寅戊	11.10.12	甲寅丙	18.08.47	甲寅甲	——	——	19
3月	甲寅甲	6.05.52	乙卯甲	16.07.58	乙卯乙	——	——	——	——	47
4月	乙卯乙	5.11.01	丙辰乙	14.16.19	丙辰癸	17.18.05	丙辰戊	——	——	18
5月	丙辰戊	6.04.41	丁巳戊	11.09.30	丁巳庚	20.18.02	丁巳丙	——	——	48
6月	丁巳丙	6.09.07	戊午丙	16.20.59	戊午己	26.07.17	戊午丁	——	——	19
7月	戊午丁	7.19.29	己未丁	17.05.36	己未乙	20.08.58	己未己	——	——	49
8月	己未己	8.05.12	庚申己	15.10.37	庚申戊	18.13.17	庚申壬	21.15.57	庚申庚	20
9月	庚申庚	8.07.52	辛酉庚	18.13.21	辛酉辛	——	——	——	——	51
10月	辛酉辛	8.23.09	壬戌辛	18.00.00	壬戌丁	21.00.17	壬戌戊	——	——	21
11月	壬戌戊	8.01.59	癸亥戊	15.00.11	癸亥甲	19.23.02	癸亥壬	——	——	52
12月	癸亥壬	7.18.35	甲子壬	17.14.41	甲子癸	——	——	——	——	22

1954年(民國43年)

年柱	
年柱	癸巳丙→2月4日17時26分→甲午丙→6月6日16時05分→甲午己
	甲午己→9月24日5時50分→甲午丁

月柱	自 至	日 時 分	自 至	日 時 分	自 至	日 時 分	自 至	日 時 分	自 至	日柱
1月	甲子癸	6.05.42	乙丑癸	15.02.01	乙丑辛	18.00.47	乙丑己	——	——	53
2月	乙丑己	4.17.26	丙寅戊	11.16.01	丙寅丙	18.14.35	丙寅甲	——	——	24
3月	丙寅甲	6.11.41	丁卯甲	16.13.47	丁卯乙	——	——	——	——	52
4月	丁卯乙	5.16.50	戊辰乙	14.22.08	戊辰癸	17.23.54	戊辰戊	——	——	23
5月	戊辰戊	6.10.30	己巳戊	11.15.19	己巳庚	20.23.51	己巳丙	——	——	53
6月	己巳丙	6.14.55	庚午丙	17.02.47	庚午己	26.13.06	庚午丁	——	——	24
7月	庚午丁	8.01.18	辛未丁	17.11.25	辛未乙	20.14.47	辛未己	——	——	54
8月	辛未己	8.11.01	壬申己	15.16.26	壬申戊	18.19.06	壬申壬	21.21.46	壬申庚	25
9月	壬申庚	8.13.40	癸酉庚	18.19.10	癸酉辛	——	——	——	——	56
10月	癸酉辛	9.04.58	甲戌辛	18.05.49	甲戌丁	21.06.06	甲戌戊	——	——	26
11月	甲戌戊	8.07.48	乙亥戊	15.06.00	乙亥甲	20.04.50	乙亥壬	——	——	57
12月	乙亥壬	8.00.24	丙子壬	17.20.29	丙子癸	——	——	——	——	27

1955年(民國44年)

年柱	
年柱	甲午丁→2月4日23時14分→乙未丁→5月25日12時59分→乙未乙
	乙未乙→7月1日1時34分→乙未己

月柱	自 至	日 時 分	自 至	日 時 分	自 至	日 時 分	自 至	日 時 分	自 至	日柱
1月	丙子癸	6.11.31	丁丑癸	15.07.50	丁丑辛	18.06.36	丁丑己	——	——	58
2月	丁丑己	4.23.14	戊寅戊	11.21.49	戊寅丙	18.20.24	戊寅甲	——	——	29
3月	戊寅甲	6.17.30	己卯甲	16.19.36	己卯乙	——	——	——	——	57
4月	己卯乙	5.22.39	庚辰乙	15.03.57	庚辰癸	18.05.43	庚辰戊	——	——	28
5月	庚辰戊	6.16.18	辛巳戊	11.21.08	辛巳庚	21.05.39	辛巳丙	——	——	58
6月	辛巳丙	6.20.44	壬午丙	17.08.36	壬午己	26.18.55	壬午丁	——	——	29
7月	壬午丁	8.07.07	癸未丁	17.17.14	癸未乙	20.20.36	癸未己	——	——	59
8月	癸未己	8.16.50	甲申己	15.22.15	甲申戊	19.00.55	甲申壬	22.03.35	甲申庚	30
9月	甲申庚	8.19.29	乙酉庚	19.00.59	乙酉辛	——	——	——	——	1
10月	乙酉辛	9.10.47	丙戌辛	18.11.38	丙戌丁	21.11.55	丙戌戊	——	——	31
11月	丙戌戊	8.13.37	丁亥戊	15.11.49	丁亥甲	20.10.39	丁亥壬	——	——	2
12月	丁亥壬	8.06.13	戊子壬	18.02.18	戊子癸	——	——	——	——	32

1956 年(民國 45 年) 閏

年柱	
年柱	乙未己→2 月 5 日 5 時06分→丙申己→4 月30日 1 時02分→丙申戊
	丙申戊→6 月 5 日13時37分→丙申壬→7 月12日 2 時12分→丙申庚

月柱	自 至	日 時 分	自 至	日 時 分	自 至	日 時 分	自 至	日 時 分	自 至	日柱
1 月	戊子癸	6.17.23	己丑癸	15.13.42	己丑辛	18.12.28	己丑己	——	——	3
2 月	己丑己	5.05.06	庚寅戊	12.03.41	庚寅丙	19.02.15	庚寅甲	——	——	34
3 月	庚寅甲	5.23.20	辛卯甲	16.01.26	辛卯乙	——	——	——	——	3
4 月	辛卯乙	5.04.27	壬辰乙	14.09.45	壬辰癸	17.11.31	壬辰戊	——	——	34
5 月	壬辰戊	5.22.05	癸巳戊	11.02.54	癸巳庚	20.11.26	癸巳丙	——	——	4
6 月	癸巳丙	6.02.30	甲午丙	16.14.22	甲午己	26.00.40	甲午丁	——	——	35
7 月	甲午丁	7.12.52	乙未丁	16.22.59	乙未乙	20.02.21	乙未己	——	——	5
8 月	乙未己	7.22.36	丙申己	15.04.01	丙申戊	18.06.41	丙申壬	21.09.21	丙申庚	36
9 月	丙申庚	8.01.16	丁酉庚	18.06.46	丁酉辛	——	——	——	——	7
10月	丁酉辛	8.16.36	戊戌辛	17.17.27	戊戌丁	20.17.44	戊戌戊	——	——	37
11月	戊戌戊	7.19.27	己亥戊	14.17.39	己亥甲	19.16.30	己亥壬	——	——	8
12月	己亥壬	7.12.04	庚子壬	17.08.10	庚子癸	——	——	——	——	38

1957 年(民國 46 年)

年柱	
年柱	丙申庚→2 月 4 日10時55分→丁酉庚→6 月 6 日 9 時34分→丁酉辛

月柱	自 至	日 時 分	自 至	日 時 分	自 至	日 時 分	自 至	日 時 分	自 至	日柱
1 月	庚子癸	5.23.12	辛丑癸	14.19.31	辛丑辛	17.18.17	辛丑己	——	——	9
2 月	辛丑己	4.10.55	壬寅戊	11.09.29	壬寅丙	18.08.04	壬寅甲	——	——	40
3 月	壬寅甲	6.05.09	癸卯甲	16.07.15	癸卯乙	——	——	——	——	8
4 月	癸卯乙	5.10.16	甲辰乙	14.15.34	甲辰癸	17.17.19	甲辰戊	——	——	39
5 月	甲辰戊	6.03.54	乙巳戊	11.08.43	乙巳庚	20.17.15	乙巳丙	——	——	9
6 月	乙巳丙	6.08.19	丙午丙	16.20.11	丙午己	26.06.29	丙午丁	——	——	40
7 月	丙午丁	7.18.41	丁未丁	17.04.48	丁未乙	20.08.10	丁未己	——	——	10
8 月	丁未己	8.04.24	戊申己	15.09.50	戊申戊	18.12.30	戊申壬	21.15.10	戊申庚	41
9 月	戊申庚	8.07.05	己酉庚	18.12.35	己酉辛	——	——	——	——	12
10月	己酉辛	8.22.24	庚戌辛	17.23.16	庚戌丁	20.23.33	庚戌戊	——	——	42
11月	庚戌戊	8.01.16	辛亥戊	14.23.28	辛亥甲	19.22.19	辛亥壬	——	——	13
12月	辛亥壬	7.17.53	壬子壬	17.13.59	壬子癸	——	——	——	——	43

1958年(民國47年)

年柱	丁酉辛→2月4日16時44分→戊戌辛→5月25日6時28分→戊戌丁									
	戊戌丁→6月30日19時03分→戊戌戊									
月柱	自 至	日 時 分	自 至	日 時 分	自 至	日 時 分	自 至	日 時 分	自 至	日柱
1月	壬子癸	6.05.00	癸丑癸	15.01.19	癸丑辛	18.00.06	癸丑己	——	——	14
2月	癸丑己	4.16.44	甲寅戊	11.15.18	甲寅丙	18.13.53	甲寅甲	——	——	45
3月	甲寅甲	6.10.58	乙卯甲	16.13.04	乙卯乙	——	——	——	——	13
4月	乙卯乙	5.16.05	丙辰乙	14.21.22	丙辰癸	17.23.08	丙辰戊	——	——	44
5月	丙辰戊	6.09.43	丁巳戊	11.14.32	丁巳庚	20.23.03	丁巳丙	——	——	14
6月	丁巳丙	6.14.08	戊午丙	17.01.59	戊午己	26.12.18	戊午丁	——	——	45
7月	戊午丁	8.00.30	己未丁	17.10.37	己未乙	20.13.59	己未己	——	——	15
8月	己未己	8.10.13	庚申己	15.15.38	庚申戊	18.18.18	庚申壬	21.20.58	庚申庚	46
9月	庚申庚	8.12.54	辛酉庚	18.18.24	辛酉辛	——	——	——	——	17
10月	辛酉辛	9.04.13	壬戌辛	18.05.04	壬戌丁	21.05.22	壬戌戊	——	——	47
11月	壬戌戊	8.07.05	癸亥戊	15.05.17	癸亥甲	20.04.08	癸亥壬	——	——	18
12月	癸亥壬	7.23.42	甲子壬	17.19.47	甲子癸	——	——	——	——	48

1959年(民國48年)

年柱	戊戌戊→2月4日22時32分→己亥戊→5月1日2時57分→己亥甲									
	己亥甲→7月1日00時52分→己亥壬									
月柱	自 至	日 時 分	自 至	日 時 分	自 至	日 時 分	自 至	日 時 分	自 至	日柱
1月	甲子癸	6.10.49	乙丑癸	15.07.08	乙丑辛	18.05.54	乙丑己	——	——	19
2月	乙丑己	4.22.32	丙寅戊	11.21.07	丙寅丙	18.19.42	丙寅甲	——	——	50
3月	丙寅甲	6.16.47	丁卯甲	16.18.52	丁卯乙	——	——	——	——	18
4月	丁卯乙	5.21.54	戊辰乙	15.03.11	戊辰癸	18.04.57	戊辰戊	——	——	49
5月	戊辰戊	6.15.32	己巳戊	11.20.21	己巳庚	21.04.52	己巳丙	——	——	19
6月	己巳丙	6.19.56	庚午丙	17.07.48	庚午己	26.18.07	庚午丁	——	——	50
7月	庚午丁	8.06.18	辛未丁	17.16.25	辛未乙	20.19.48	辛未己	——	——	20
8月	辛未己	8.16.02	壬申己	15.21.27	壬申戊	19.00.07	壬申壬	22.02.47	壬申庚	51
9月	壬申庚	8.18.42	癸酉庚	19.00.13	癸酉辛	——	——	——	——	22
10月	癸酉辛	9.10.02	甲戌辛	18.10.53	甲戌丁	21.11.10	甲戌戊	——	——	52
11月	甲戌戊	8.12.53	乙亥戊	15.11.06	乙亥甲	20.09.56	乙亥壬	——	——	23
12月	乙亥壬	8.05.31	丙子壬	18.01.36	丙子癸	——	——	——	——	53

1960 年(民國 49 年) 閏

年柱	
	己亥壬→2 月 5 日 4 時24分→庚子壬→6 月 6 日 3 時03分→庚子癸

月柱	自 至	日 時 分	自 至	日 時 分	自 至	日 時 分	自 至	日 時 分	自 至	日柱
1 月	丙子癸	6.16.41	丁丑癸	15.13.00	丁丑辛	18.11.46	丁丑己	——	——	24
2 月	丁丑己	5.04.24	戊寅戊	12.02.58	戊寅丙	19.01.33	戊寅甲	——	——	55
3 月	戊寅甲	5.22.37	己卯甲	16.00.42	己卯乙	——	——	——	——	24
4 月	己卯乙	5.03.43	庚辰乙	14.08.59	庚辰癸	17.10.45	庚辰戊	——	——	55
5 月	庚辰戊	5.21.19	辛巳戊	11.02.08	辛巳庚	20.10.39	辛巳丙	——	——	25
6 月	辛巳丙	6.01.42	壬午丙	16.13.34	壬午己	25.23.52	壬午丁	——	——	56
7 月	壬午丁	7.12.04	癸未丁	16.22.11	癸未乙	20.01.33	癸未己	——	——	26
8 月	癸未己	7.21.48	甲申己	15.03.13	甲申戊	18.05.53	甲申壬	21.08.34	甲申庚	57
9 月	甲申庚	8.00.30	乙酉庚	18.06.00	乙酉辛	——	——	——	——	28
10月	乙酉辛	8.15.51	丙戌辛	17.16.43	丙戌丁	20.17.00	丙戌戊	——	——	58
11月	丙戌戊	7.18.44	丁亥戊	14.16.56	丁亥甲	19.15.47	丁亥壬	——	——	29
12月	丁亥壬	7.11.22	戊子壬	17.07.28	戊子癸	——	——	——	——	59

1961 年(民國 50 年)

年柱	
	庚子癸→2 月 4 日10時13分→辛丑癸→5 月24日23時58分→辛丑辛
	辛丑辛→6 月30日12時33分→辛丑己

月柱	自 至	日 時 分	自 至	日 時 分	自 至	日 時 分	自 至	日 時 分	自 至	日柱
1 月	戊子癸	5.22.30	己丑癸	14.18.49	己丑辛	17.17.35	己丑己	——	——	30
2 月	己丑己	4.10.13	庚寅戊	11.08.47	庚寅丙	18.07.22	庚寅甲	——	——	1
3 月	庚寅甲	6.04.26	辛卯甲	16.06.31	辛卯乙	——	——	——	——	29
4 月	辛卯乙	5.09.31	壬辰乙	14.14.48	壬辰癸	17.16.34	壬辰戊	——	——	0
5 月	壬辰戊	6.03.08	癸巳戊	11.07.56	癸巳庚	20.16.27	癸巳丙	——	——	30
6 月	癸巳丙	6.07.31	甲午丙	16.19.23	甲午己	26.05.41	甲午丁	——	——	1
7 月	甲午丁	7.17.52	乙未丁	17.04.00	乙未乙	20.07.22	乙未己	——	——	31
8 月	乙未己	8.03.36	丙申己	15.09.02	丙申戊	18.11.42	丙申壬	21.14.22	丙申庚	2
9 月	丙申庚	8.06.18	丁酉庚	18.11.49	丁酉辛	——	——	——	——	33
10月	丁酉辛	8.21.39	戊戌辛	17.22.31	戊戌丁	20.22.49	戊戌戊	——	——	3
11月	戊戌戊	8.00.33	乙亥戊	14.22.45	己亥甲	19.21.36	己亥壬	——	——	34
12月	己亥壬	7.17.11	庚子壬	17.13.17	庚子癸	——	——	——	——	4

1962年(民國51年)

年柱	辛丑己→2月4日16時02分→壬寅戊→4月30日20時27分→壬寅丙 壬寅丙→7月25日00時52分→壬寅甲									
月柱	自　至	日　時　分	自　至	日　時　分	自　至	日　時　分	自　至	日　時　分	自　至	日柱
1月	庚子癸	6.04.19	辛丑癸	15.00.38	辛丑辛	17.23.24	辛丑己	——	——	35
2月	辛丑己	4.16 02	壬寅戊	11.14.36	壬寅丙	18.13.10	壬寅甲	——	——	6
3月	壬寅甲	6.10.25	癸卯甲	16.12.20	癸卯乙	——	——	——	——	34
4月	癸卯乙	5.15.20	甲辰乙	14.20.37	甲辰癸	17.22.23	甲辰戊	——	——	5
5月	甲辰戊	6.08.57	乙巳戊	11.13.45	乙巳庚	20.22.16	乙巳丙	——	——	35
6月	乙巳丙	6.13.20	丙午丙	17.01.11	丙午己	26.11.30	丙午丁	——	——	6
7月	丙午丁	7.23.41	丁未丁	17.09.48	丁未乙	20.13.11	丁未己	——	——	36
8月	丁未己	8.09.25	戊申己	15.14.51	戊申戊	18.17.31	戊申壬	21.20.11	戊申庚	7
9月	戊申庚	8.12.07	己酉庚	18.17.38	己酉辛	——	——	——	——	38
10月	己酉辛	9.03.28	庚戌辛	18.04.20	庚戌丁	21.04.37	庚戌戊	——	——	8
11月	庚戌戊	8.06.21	辛亥戊	15.04.34	辛亥甲	20.03.25	辛亥壬	——	——	39
12月	辛亥壬	7.23.00	壬子壬	17.19.05	壬子癸	——	——	——	——	9

1963年(民國52年)

年柱	壬寅甲→2月4日21時50分→癸卯甲→6月6日20時30分→癸卯乙									
月柱	自　至	日　時　分	自　至	日　時　分	自　至	日　時　分	自　至	日　時　分	自　至	日柱
1月	壬子癸	6.10.08	癸丑癸	15.06.25	癸丑辛	18.05.13	癸丑己	——	——	40
2月	癸丑己	4.21.50	甲寅戊	11.20.25	甲寅丙	18.18.59	甲寅甲	——	——	11
3月	甲寅甲	6.16.03	乙卯甲	16.18.09	乙卯乙	——	——	——	——	39
4月	乙卯乙	5.21.09	丙辰乙	15.02.26	丙辰癸	18.04.12	丙辰戊	——	——	10
5月	丙辰戊	6.14.45	丁巳戊	11.19.34	丁巳庚	21.04.05	丁巳丙	——	——	40
6月	丁巳丙	6.19.09	戊午丙	17.07.00	戊午己	26.17.18	戊午丁	——	——	11
7月	戊午丁	8.05.30	己未丁	17.15.37	己未乙	20.18.59	己未己	——	——	41
8月	己未己	8.15.14	庚申己	15.20.39	庚申戊	18.23.20	庚申壬	22.02.00	庚申庚	12
9月	庚申庚	8.17.56	辛酉庚	18.23.26	辛酉辛	——	——	——	——	43
10月	辛酉辛	9.09.17	壬戌辛	18.10.09	壬戌丁	21.10.26	壬戌戊	——	——	13
11月	壬戌戊	8.12.10	癸亥戊	15.10.22	癸亥甲	20.09.13	癸亥壬	——	——	44
12月	癸亥壬	8.04.48	甲子壬	18.00.54	甲子癸	——	——	——	——	14

1964年(民國53年) 閏

月柱	自 至	日 時 分	自 至	日 時 分	自 至	日 時 分	自 至	日 時 分	自 至	日柱
年柱	癸卯乙→2月5日3時42分→甲辰乙→5月24日17時27分→甲辰癸									
	甲辰癸→6月30日6時02分→甲辰戊									
1月	甲子癸	6.16.00	乙丑癸	15.12.18	乙丑辛	18.11.05	乙丑己	——	——	45
2月	乙丑己	5.03.42	丙寅戊	12.02.16	丙寅丙	19.00.50	丙寅甲	——	——	16
3月	丙寅甲	5.21.54	丁卯甲	15.23.58	丁卯乙	——	——	——	——	45
4月	丁卯乙	5.02.58	戊辰乙	14.08.14	戊辰癸	17.10.00	戊辰戊	——	——	16
5月	戊辰戊	5.20.32	己巳戊	11.01.21	己巳庚	20.09.51	己巳丙	——	——	46
6月	己巳丙	6.00.54	庚午丙	16.12.46	庚午己	25.23.04	庚午丁	——	——	17
7月	庚午丁	7.11.15	辛未丁	16.21.23	辛未乙	20.00.45	辛未己	——	——	47
8月	辛未己	7.21.00	壬申己	15.02.26	壬申戊	18.05.06	壬申壬	21.07.46	壬申庚	18
9月	壬申庚	7.23.43	癸酉庚	18.05.14	癸酉辛	——	——	——	——	49
10月	癸酉辛	8.15.05	甲戌辛	17.15.58	甲戌丁	20.16.16	甲戌戊	——	——	19
11月	甲戌戊	7.18.01	乙亥戊	14.16.13	乙亥甲	19.15.04	乙亥壬	——	——	50
12月	乙亥壬	7.10.40	丙子壬	17.06.46	丙子癸	——	——	——	——	20

1965年(民國54年)

月柱	自 至	日 時 分	自 至	日 時 分	自 至	日 時 分	自 至	日 時 分	自 至	日柱
年柱	甲辰戊→2月4日9時31分→乙巳戊→4月6日7時26分→乙巳庚									
	乙巳庚→7月24日21時10分→乙巳丙									
1月	丙子癸	5.21.48	丁丑癸	14.18.07	丁丑辛	17.16.53	丁丑己	——	——	51
2月	丁丑己	4.09.31	戊寅戊	11.08.05	戊寅丙	18.06.39	戊寅甲	——	——	22
3月	戊寅甲	6.03.43	己卯甲	16.05.47	己卯乙	——	——	——	——	50
4月	己卯乙	5.08.47	庚辰乙	14.14.03	庚辰癸	17.15.48	庚辰戊	——	——	21
5月	庚辰戊	6.02.21	辛巳戊	11.07.10	辛巳庚	20.15.40	辛巳丙	——	——	51
6月	辛巳丙	6.06.43	壬午丙	16.18.34	壬午己	26.04.53	壬午丁	——	——	22
7月	壬午丁	7.17.04	癸未丁	17.03.11	癸未乙	20.06.34	癸未己	——	——	52
8月	癸未己	8.02.48	甲申己	15.08.14	甲申戊	18.10.55	甲申壬	21.13.35	甲申庚	23
9月	甲申庚	8.05.32	乙酉庚	18.11.03	乙酉辛	——	——	——	——	54
10月	乙酉辛	8.20.54	丙戌辛	17.21.47	丙戌丁	20.22.04	丙戌戊	——	——	24
11月	丙戌戊	7.23.49	丁亥戊	14.22.02	丁亥甲	19.20.53	丁亥壬	——	——	55
12月	丁亥壬	7.16.29	戊子壬	17.12.35	戊子癸	——	——	——	——	25

1966 年(民國 55 年)

年柱	
年柱	乙巳丙→2月4日15時20分→丙午丙→6月6日13時59分→丙午己
	丙午己→9月24日3時44分→丙午丁

月柱	自 至	日 時 分	自 至	日 時 分	自 至	日 時 分	自 至	日 時 分	自 至	日柱
1月	戊子癸	6.03.37	己丑癸	14.23.56	己丑辛	17.22.42	己丑己	——	——	56
2月	己丑己	4.15.20	庚寅戊	11.13.54	庚寅丙	18.12.28	庚寅甲	——	——	27
3月	庚寅甲	6.09.31	辛卯甲	16.11.36	辛卯乙	——	——	——	——	55
4月	辛卯乙	5.14.35	壬辰乙	14.19.52	壬辰癸	17.21.37	壬辰戊	——	——	26
5月	壬辰戊	6.08.10	癸巳戊	11.12.59	癸巳庚	20.21.29	癸巳丙	——	——	56
6月	癸巳丙	6.12.32	甲午丙	17.00.23	甲午己	26.10.42	甲午丁	——	——	27
7月	甲午丁	7.22.53	乙未丁	17.09.00	乙未乙	20.12.23	乙未己	——	——	57
8月	乙未己	8.08.37	丙申己	15.14.03	丙申戊	18.16.43	丙申壬	21.19.24	丙申庚	28
9月	丙申庚	8.11.20	丁酉庚	18.16.51	丁酉辛	——	——	——	——	59
10月	丁酉辛	9.02.43	戊戌辛	18.03.35	戊戌丁	21.03.53	戊戌戊	——	——	29
11月	戊戌戊	8.05.38	己亥戊	15.03.51	己亥甲	20.02.42	己亥壬	——	——	0
12月	己亥壬	7.22.18	庚子壬	17.18.23	庚子癸	——	——	——	——	30

1967 年(民國 56 年)

年柱	
年柱	丙午丁→2月4日21時08分→丁未丁→5月25日10時53分→丁未乙
	丁未乙→6月30日23時28分→丁未己

月柱	自 至	日 時 分	自 至	日 時 分	自 至	日 時 分	自 至	日 時 分	自 至	日柱
1月	庚子癸	6.09.26	辛丑癸	15.05.45	辛丑辛	18.04.31	辛丑己	——	——	1
2月	辛丑己	4.21.08	壬寅戊	11.19.43	壬寅丙	18.18.17	壬寅甲	——	——	32
3月	壬寅甲	6.15.20	癸卯甲	16.17.25	癸卯乙	——	——	——	——	0
4月	癸卯乙	5.20.24	甲辰乙	15.01.41	甲辰癸	18.03.26	甲辰戊	——	——	31
5月	甲辰戊	6.13.59	乙巳戊	11.18.47	乙巳庚	21.03.18	乙巳丙	——	——	1
6月	乙巳丙	6.18.21	丙午丙	17.06.12	丙午己	26.16.30	丙午丁	——	——	32
7月	丙午丁	8.04.42	丁未丁	17.14.49	丁未乙	20.18.11	丁未己	——	——	2
8月	丁未己	8.14.26	戊申己	15.19.52	戊申戊	18.22.32	戊申壬	22.01.12	戊申庚	33
9月	戊申庚	8.17.09	己酉庚	18.22.40	己酉辛	——	——	——	——	4
10月	己酉辛	9.08.32	庚戌辛	18.09.24	庚戌丁	21.09.42	庚戌戊	——	——	34
11月	庚戌戊	8.11.27	辛亥戊	15.09.39	辛亥甲	20.08.31	辛亥壬	——	——	5
12月	辛亥壬	8.04.06	壬子壬	18.00.12	壬子癸	——	——	——	——	35

1968年(民國57年) 閏

年柱										
年柱	丁未己→2月5日3時00分→戊申己→4月29日22時56分→戊申戊									
	戊申戊→6月5日11時31分→戊申壬→7月12日00時06分→戊申庚									
月柱	自　至	日　時　分	自　至	日　時　分	自　至	日　時　分	自　至	日　時　分	自　至	日柱
1月	壬子癸	6.15.18	癸丑癸	15.11.37	癸丑辛	18.10.23	癸丑己	——	——	6
2月	癸丑己	5.03.00	甲寅戊	12.01.34	甲寅丙	19.00.08	甲寅甲	——	——	37
3月	甲寅甲	5.21.11	乙卯甲	15.23.15	乙卯乙	——	——	——	——	6
4月	乙卯乙	5.02.13	丙辰乙	14.07.29	丙辰癸	17.09.14	丙辰戊	——	——	37
5月	丙辰戊	5.19.46	丁巳戊	11.00.34	丁巳庚	20.09.04	丁巳丙	——	——	7
6月	丁巳丙	6.00.07	戊午丙	16.11.58	戊午己	25.22.16	戊午丁	——	——	38
7月	戊午丁	7.10.27	己未丁	16.20.34	己未乙	19.23.57	己未己	——	——	8
8月	己未己	7.20.12	庚申己	15.01.38	庚申戊	18.04.18	庚申壬	21.06.59	庚申庚	39
9月	庚申庚	7.22.56	辛酉庚	18.04.28	辛酉辛	——	——	——	——	10
10月	辛酉辛	8.14.20	壬戌辛	17.15.13	壬戌丁	20.15.31	壬戌戊	——	——	40
11月	壬戌戊	7.17.17	癸亥戊	14.15.30	癸亥甲	19.14.22	癸亥壬	——	——	11
12月	癸亥壬	7.09.58	甲子壬	17.06.04	甲子癸	——	——	——	——	41

1969年(民國58年)

年柱										
年柱	戊申庚→2月4日8時49分→己酉庚→6月6日7時28分→己酉辛									
月柱	自　至	日　時　分	自　至	日　時　分	自　至	日　時　分	自　至	日　時　分	自　至	日柱
1月	甲子癸	5.21.07	乙丑癸	14.17.25	乙丑辛	17.16.12	乙丑己	——	——	12
2月	乙丑己	4.08.49	丙寅戊	11.07.23	丙寅丙	18.05.57	丙寅甲	——	——	43
3月	丙寅甲	6.02.59	丁卯甲	16.05.04	丁卯乙	——	——	——	——	11
4月	丁卯乙	5.08.02	戊辰乙	14.13.18	戊辰癸	17.15.03	戊辰戊	——	——	42
5月	戊辰戊	6.01.35	己巳戊	11.06.23	己巳庚	20.14.53	己巳丙	——	——	12
6月	己巳丙	6.05.55	庚午丙	16.17.46	庚午己	26.04.05	庚午丁	——	——	43
7月	庚午丁	7.16.16	辛未丁	17.02.23	辛未乙	20.05.46	辛未己	——	——	13
8月	辛未己	8.02.00	壬申己	15.07.27	壬申戊	18.10.07	壬申壬	21.12.47	壬申庚	44
9月	壬申庚	8.04.45	癸酉庚	18.10.17	癸酉辛	——	——	——	——	15
10月	癸酉辛	8.20.09	甲戌辛	17.21.02	甲戌丁	20.21.20	甲戌戊	——	——	45
11月	甲戌戊	7.23.06	乙亥戊	14.21.19	乙亥甲	19.20.10	乙亥壬	——	——	16
12月	乙亥壬	7.15.47	丙子壬	17.11.53	丙子癸	——	——	——	——	46

1970年(民國59年)

年柱	己酉辛→2月4日14時38分→庚戌辛→5月25日4時22分→庚戌丁									
	庚戌丁→6月30日16時57分→庚戌戊									
月柱	自 至	日 時 分	自 至	日 時 分	自 至	日 時 分	自 至	日 時 分	自 至	日柱
1月	丙子癸	6.02.55	丁丑癸	14.23.14	丁丑辛	17.22.00	丁丑己	——	——	17
2月	丁丑己	4.14.38	戊寅戊	11.13.11	戊寅丙	18.11.45	戊寅甲	——	——	48
3月	戊寅甲	6.08.48	己卯甲	16.10.52	己卯乙	——	——	——	——	16
4月	己卯乙	5.13.51	庚辰乙	14.19.06	庚辰癸	17.20.52	庚辰戊	——	——	47
5月	庚辰戊	6.07.24	辛巳戊	11.12.12	辛巳庚	20.20.42	辛巳丙	——	——	17
6月	辛巳丙	6.11.44	壬午丙	16.23.35	壬午己	26.09.53	壬午丁	——	——	48
7月	壬午丁	7.22.04	癸未丁	17.08.12	癸未乙	20.11.34	癸未己	——	——	18
8月	癸未己	8.07.49	甲申己	15.13.15	甲申戊	18.15.56	甲申壬	21.18.36	甲申庚	49
9月	甲申庚	8.10.33	乙酉庚	18.16.05	乙酉辛	——	——	——	——	20
10月	乙酉辛	9.01.58	丙戌辛	18.02.51	丙戌丁	21.03.09	丙戌戊	——	——	50
11月	丙戌戊	8.04.55	丁亥戊	15.03.08	丁亥甲	20.01.59	丁亥壬	——	——	21
12月	丁亥壬	7.21.35	戊子壬	17.17.41	戊子癸	——	——	——	——	51

1971年(民國60年)

年柱	庚戌戊→2月4日20時26分→辛亥戊→5月1日00時51分→辛亥甲									
	辛亥甲→6月30日22時46分→辛亥壬									
月柱	自 至	日 時 分	自 至	日 時 分	自 至	日 時 分	自 至	日 時 分	自 至	日柱
1月	戊子癸	6.08.44	己丑癸	15.05.03	己丑辛	18.03.49	己丑己	——	——	22
2月	己丑己	4.20.26	庚寅戊	11.19.00	庚寅丙	18.17.34	庚寅甲	——	——	53
3月	庚寅甲	6.14.37	辛卯甲	16.16.41	辛卯乙	——	——	——	——	21
4月	辛卯乙	5.19.39	壬辰乙	15.00.55	壬辰癸	18.02.41	壬辰戊	——	——	52
5月	壬辰戊	6.13.12	癸巳戊	11.18.01	癸巳庚	21.02.31	癸巳丙	——	——	22
6月	癸巳丙	6.17.33	甲午丙	17.05.24	甲午己	26.15.42	甲午丁	——	——	53
7月	甲午丁	8.03.53	乙未丁	17.14.01	乙未乙	20.17.23	乙未己	——	——	23
8月	乙未己	8.13.38	丙申己	15.19.04	丙申戊	18.21.44	丙申壬	22.00.25	丙申庚	54
9月	丙申庚	8.16.22	丁酉庚	18.21.54	丁酉辛	——	——	——	——	25
10月	丁酉辛	9.07.47	戊戌辛	18.08.40	戊戌丁	21.08.57	戊戌戊	——	——	55
11月	戊戌戊	8.10.43	己亥戊	15.08.56	己亥甲	20.07.48	己亥壬	——	——	26
12月	己亥壬	8.03.24	庚子壬	17.23.30	庚子癸	——	——	——	——	56

1972年(民國61年) 閏

年柱	辛亥壬→2月5日2時18分→壬子壬→6月6日00時57分→壬子癸									
月柱	自　至	日 時 分	自　至	日 時 分	自　至	日 時 分	自　至	日 時 分	自　至	日柱
1月	庚子癸	6.14.36	辛丑癸	15.10.55	辛丑辛	18.09.41	辛丑己	——	——	27
2月	辛丑己	5.02.18	壬寅戊	12.00.52	壬寅丙	18.23.25	壬寅甲	——	——	58
3月	壬寅甲	5.20.27	癸卯甲	15.22.31	癸卯乙	——	——	——	——	27
4月	癸卯乙	5.01.28	甲辰乙	14.06.44	甲辰癸	17.08.29	甲辰戊	——	——	58
5月	甲辰戊	5.18.59	乙巳戊	10.23.47	乙巳庚	20.08.17	乙巳丙	——	——	28
6月	乙巳丙	5.23.19	丙午丙	16.11.10	丙午己	25.21.28	丙午丁	——	——	59
7月	丙午丁	7.09.39	丁未丁	16.19.46	丁未乙	19.23.09	丁未己	——	——	29
8月	丁未己	7.19.24	戊申己	15.00.50	戊申戊	18.03.31	戊申壬	21.06.11	戊申庚	0
9月	戊申庚	7.22.09	己酉庚	18.03.42	己酉辛	——	——	——	——	31
10月	己酉辛	8.13.35	庚戌辛	17.14.29	庚戌丁	20.14.47	庚戌戊	——	——	1
11月	庚戌戊	7.16.34	辛亥戊	14.14.47	辛亥甲	19.13.39	辛亥壬	——	——	32
12月	辛亥壬	7.09.16	壬子壬	17.05.22	壬子癸	——	——	——	——	2

1973年(民國62年)

年柱	壬子癸→2月4日8時07分→癸丑癸→5月24日21時52分→癸丑辛									
	癸丑辛→6月30日10時27分→癸丑己									
月柱	自　至	日 時 分	自　至	日 時 分	自　至	日 時 分	自　至	日 時 分	自　至	日柱
1月	壬子癸	5.20.25	癸丑癸	14.16.44	癸丑辛	17.15.30	癸丑己	——	——	33
2月	癸丑己	4.08.07	甲寅戊	11.06.40	甲寅丙	18.05.14	甲寅甲	——	——	4
3月	甲寅甲	6.02.16	乙卯甲	16.04.20	乙卯乙	——	——	——	——	32
4月	乙卯乙	5.07.17	丙辰乙	14.12.32	丙辰癸	17.14.17	丙辰戊	——	——	3
5月	丙辰戊	6.00.48	丁巳戊	11.05.36	丁巳庚	20.14.06	丁巳丙	——	——	33
6月	丁巳丙	6.05.08	戊午丙	16.16.58	戊午己	26.03.16	戊午丁	——	——	4
7月	戊午丁	7.15.27	己未丁	17.01.35	己未乙	20.04.57	己未己	——	——	34
8月	己未己	8.01.12	庚申己	15.06.39	庚申戊	18.09.19	庚申壬	21.12.00	庚申庚	5
9月	庚申庚	8.03.58	辛酉庚	18.09.30	辛酉辛	——	——	——	——	36
10月	辛酉辛	8.19.24	壬戌辛	17.20.18	壬戌丁	20.20.36	壬戌戊	——	——	6
11月	壬戌戊	7.22.23	癸亥戊	14.20.36	癸亥甲	19.19.27	癸亥壬	——	——	37
12月	癸亥壬	7.15.05	甲子壬	17.11.11	甲子癸	——	——	——	——	7

1974年(民國63年)

年柱	癸丑己→2月4日13時56分→甲寅戊→4月30日18時21分→甲寅丙 甲寅丙→7月24日22時46分→甲寅甲									
月柱	自　至	日　時　分	自　至	日　時　分	自　至	日　時　分	自　至	日　時　分	自　至	日柱
1月	甲子癸	6.02.14	乙丑癸	14.22.32	乙丑辛	17.21.19	乙丑己	——	——	38
2月	乙丑己	4.13.56	丙寅戊	11.12.29	丙寅丙	18.11.03	丙寅甲	——	——	9
3月	丙寅甲	6.08.05	丁卯甲	16.10.09	丁卯乙	——	——	——	——	37
4月	丁卯乙	5.13.06	戊辰乙	14.18.21	戊辰癸	17.20.06	戊辰戊	——	——	8
5月	戊辰戊	6.06.37	己巳戊	11.11.25	己巳庚	20.19.55	己巳丙	——	——	38
6月	己巳丙	6.10.56	庚午丙	16.22.47	庚午己	26.09.05	庚午丁	——	——	9
7月	庚午丁	7.21.16	辛未丁	17.07.24	辛未乙	20.10.46	辛未己	——	——	39
8月	辛未己	8.07.01	壬申己	15.12.28	壬申戊	18.15.08	壬申壬	21.17.49	壬申庚	10
9月	壬申庚	8.09.47	癸酉庚	18.15.19	癸酉辛	——	——	——	——	41
10月	癸酉辛	9.01.13	甲戌辛	18.02.06	甲戌丁	21.02.24	甲戌戊	——	——	11
11月	甲戌戊	8.04.11	乙亥戊	15.02.25	乙亥甲	20.01.16	乙亥壬	——	——	42
12月	乙亥壬	7.20.53	丙子壬	17.17.00	丙子癸	——	——	——	——	12

1975年(民國64年)

年柱	甲寅甲→2月4日19時44分→乙卯甲→6月6日18時24分→乙卯乙									
月柱	自　至	日　時　分	自　至	日　時　分	自　至	日　時　分	自　至	日　時　分	自　至	日柱
1月	丙子癸	6.08.03	丁丑癸	15.04.21	丁丑辛	18.03.07	丁丑己	——	——	43
2月	丁丑己	4.19.44	戊寅戊	11.18.18	戊寅丙	18.16.52	戊寅甲	——	——	14
3月	戊寅甲	6.13.54	己卯甲	16.15.58	己卯乙	——	——	——	——	42
4月	己卯乙	5.18.55	庚辰乙	15.00.10	庚辰癸	18.01.55	庚辰戊	——	——	13
5月	庚辰戊	6.12.26	辛巳戊	11.17.14	辛巳庚	21.01.44	辛巳丙	——	——	43
6月	辛巳丙	6.16.45	壬午丙	17.04.36	壬午己	26.14.54	壬午丁	——	——	14
7月	壬午丁	8.03.05	癸未丁	17.13.12	癸未乙	20.16.35	癸未己	——	——	44
8月	癸未己	8.12.50	甲申己	15.18.16	甲申戊	18.20.57	甲申壬	21.23.37	甲申庚	15
9月	甲申庚	8.15.35	乙酉庚	18.21.08	乙酉辛	——	——	——	——	46
10月	乙酉辛	9.07.01	丙戌辛	18.07.55	丙戌丁	21.08.13	丙戌戊	——	——	16
11月	丙戌戊	8.10.00	丁亥戊	15.08.13	丁亥甲	20.07.05	丁亥壬	——	——	47
12月	丁亥壬	8.02.42	戊子壬	17.22.48	戊子癸	——	——	——	——	17

1976年(民國65年) 閏

年柱	
	乙卯乙→2月5日1時36分→丙辰乙→5月24日15時21分→丙辰癸
	丙辰癸→6月30日3時56分→丙辰戊

月柱	自　至	日　時　分	自　至	日　時　分	自　至	日　時　分	自　至	日　時　分	自　至	日柱
1月	戊子癸	6.13.55	己丑癸	15.10.13	己丑辛	18.08.59	己丑己	——	——	48
2月	己丑己	5.01.36	庚寅戊	12.00.09	庚寅丙	18.22.43	庚寅甲	——	——	19
3月	庚寅甲	5.19.44	辛卯甲	15.21.47	辛卯乙	——	——	——	——	48
4月	辛卯乙	5.00.43	壬辰乙	14.05.58	壬辰癸	17.07.43	壬辰戊	——	——	19
5月	壬辰戊	5.18.13	癸巳戊	10.23.01	癸巳庚	20.07.30	癸巳丙	——	——	49
6月	癸巳丙	5.22.31	甲午丙	16.10.22	甲午己	25.20.39	甲午丁	——	——	20
7月	甲午丁	7.08.50	乙未丁	16.18.58	乙未乙	19.22.20	乙未己	——	——	50
8月	乙未己	7.18.36	丙申己	15.00.02	丙申戊	18.02.43	丙申壬	21.05.24	丙申庚	21
9月	丙申庚	7.21.23	丁酉庚	18.02.56	丁酉辛	——	——	——	——	52
10月	丁酉辛	8.12.50	戊戌辛	17.13.44	戊戌丁	20.14.02	戊戌戊	——	——	22
11月	戊戌戊	7.15.51	己亥戊	14.14.04	己亥甲	19.12.56	己亥壬	——	——	53
12月	己亥壬	7.08.34	庚子壬	17.04.40	庚子癸	——	——	——	——	23

1977年(民國66年)

年柱	
	丙辰戊→2月4日7時25分→丁巳戊→4月6日5時20分→丁巳庚
	丁巳庚→7月24日19時04分→丁巳丙

月柱	自　至	日　時　分	自　至	日　時　分	自　至	日　時　分	自　至	日　時　分	自　至	日柱
1月	庚子癸	5.19.43	辛丑癸	14.16.02	辛丑辛	17.14.48	辛丑己	——	——	54
2月	辛丑己	4.07.25	壬寅戊	11.05.58	壬寅丙	18.04.31	壬寅甲	——	——	25
3月	壬寅甲	6.01.33	癸卯甲	16.03.36	癸卯乙	——	——	——	——	53
4月	癸卯乙	5.06.32	甲辰乙	14.11.47	甲辰癸	17.13.32	甲辰戊	——	——	24
5月	甲辰戊	6.00.02	乙巳戊	11.04.50	乙巳庚	20.13.19	乙巳丙	——	——	54
6月	乙巳丙	6.04.20	丙午丙	16.16.10	丙午己	26.02.28	丙午丁	——	——	25
7月	丙午丁	7.14.39	丁未丁	17.00.47	丁未乙	20.04.09	丁未己	——	——	55
8月	丁未己	8.00.24	戊申己	15.05.51	戊申戊	18.08.32	戊申壬	21.11.13	戊申庚	26
9月	戊申庚	8.03.11	己酉庚	18.08.44	己酉辛	——	——	——	——	57
10月	己酉辛	8.18.39	庚戌辛	17.19.33	庚戌丁	20.19.51	庚戌戊	——	——	27
11月	庚戌戊	7.21.39	辛亥戊	14.19.53	辛亥甲	19.18.45	辛亥壬	——	——	58
12月	辛亥壬	7.14.23	壬子壬	17.10.29	壬子癸	——	——	——	——	28

1978年(民國67年)

年柱	丁巳丙→2月4日13時14分→戊午丙→6月6日11時53分→戊午己 戊午己→9月24日1時38分→戊午丁									
月柱	自　至	日　時　分	自　至	日　時　分	自　至	日　時　分	自　至	日　時　分	自　至	日柱
1月	壬子癸	6.01.32	癸丑癸	14.21.51	癸丑辛	17.20.37	癸丑己	——	——	59
2月	癸丑己	4.13.14	甲寅戊	11.11.47	甲寅丙	18.10.20	甲寅甲	——	——	30
3月	甲寅甲	6.07.22	乙卯甲	16.09.25	乙卯乙	——	——	——	——	58
4月	乙卯乙	5.12.21	丙辰乙	14.17.36	丙辰癸	17.19.21	丙辰戊	——	——	29
5月	丙辰戊	6.05.51	丁巳戊	11.10.38	丁巳庚	20.19.08	丁巳丙	——	——	59
6月	丁巳丙	6.10.09	戊午丙	16.21.59	戊午己	26.08.17	戊午丁	——	——	30
7月	戊午丁	7.20.28	己未丁	17.06.35	己未乙	20.09.58	己未己	——	——	0
8月	己未己	8.06.13	庚申己	15.11.40	庚申戊	18.14.21	庚申壬	21.17.01	庚申庚	31
9月	庚申庚	8.09.00	辛酉庚	18.14.33	辛酉辛	——	——	——	——	2
10月	辛酉辛	9.00.28	壬戌辛	18.01.22	壬戌丁	21.01.40	壬戌戊	——	——	32
11月	壬戌戊	8.03.28	癸亥戊	15.01.41	癸亥甲	20.00.33	癸亥壬	——	——	3
12月	癸亥壬	7.20.11	甲子壬	17.16.18	甲子癸	——	——	——	——	33

1979年(民國68年)

年柱	戊午丁→2月4日19時02分→己未丁→5月25日8時47分→己未乙 己未乙→6月30日21時22分→己未己									
月柱	自　至	日　時　分	自　至	日　時　分	自　至	日　時　分	自　至	日　時　分	自　至	日柱
1月	甲子癸	6.07.21	乙丑癸	15.03.39	乙丑辛	18.02.26	乙丑己	——	——	4
2月	乙丑己	4.19.02	丙寅戊	11.17.36	丙寅丙	18.16.09	丙寅甲	——	——	35
3月	丙寅甲	6.13.11	丁卯甲	16.15.14	丁卯乙	——	——	——	——	3
4月	丁卯乙	5.18.10	戊辰乙	14.23.25	戊辰癸	18.01.10	戊辰戊	——	——	34
5月	戊辰戊	6.11.39	己巳戊	11.16.27	己巳庚	21.00.57	己巳丙	——	——	4
6月	己巳丙	6.15.57	庚午丙	17.03.48	庚午己	26.14.06	庚午丁	——	——	35
7月	庚午丁	8.02.16	辛未丁	17.12.24	辛未乙	20.15.47	辛未己	——	——	5
8月	辛未己	8.12.02	壬申己	15.17.29	壬申戊	18.20.09	壬申壬	21.22.50	壬申庚	36
9月	壬申庚	8.14.49	癸酉庚	18.20.22	癸酉辛	——	——	——	——	7
10月	癸酉辛	9.06.16	甲戌辛	18.07.10	甲戌丁	21.07.29	甲戌戊	——	——	37
11月	甲戌戊	8.09.17	乙亥戊	15.07.30	乙亥甲	20.06.22	乙亥壬	——	——	8
12月	乙亥壬	8.02.00	丙子壬	17.22.06	丙子癸	——	——	——	——	38

1980年(民國69年) 閏

年柱	己未己→2月5日00時54分→庚申己→4月29日20時50分→庚申戊									
	庚申戊→6月5日9時25分→庚申壬→7月11日22時00分→庚申庚									
月柱	自 至	日 時 分	自 至	日 時 分	自 至	日 時 分	自 至	日 時 分	自 至	日柱
1月	丙子癸	6.13.13	丁丑癸	15.09.31	丁丑辛	18.08.17	丁丑己	——	——	9
2月	丁丑己	5.00.54	戊寅戊	11.23.27	戊寅丙	18.22.00	戊寅甲	——	——	40
3月	戊寅甲	5.19.01	己卯甲	15.21.04	己卯乙	——	——	——	——	9
4月	己卯乙	4.23.59	庚辰乙	14.05.13	庚辰癸	17.06.58	庚辰戊	——	——	40
5月	庚辰戊	5.17.26	辛巳戊	10.22.14	辛巳庚	20.06.43	辛巳丙	——	——	10
6月	辛巳丙	5.21.43	壬午丙	16.09.34	壬午己	25.19.51	壬午丁	——	——	41
7月	壬午丁	7.08.02	癸未丁	16.18.10	癸未乙	19.21.32	癸未己	——	——	11
8月	癸未乙	7.17.48	甲申己	14.23.15	甲申戊	18.01.56	甲申壬	21.04.36	甲申庚	42
9月	甲申庚	7.20.36	乙酉庚	18.02.09	乙酉辛	——	——	——	——	13
10月	乙酉辛	8.12.05	丙戌辛	17.13.00	丙戌丁	20.13.18	丙戌戊	——	——	43
11月	丙戌戊	7.15.07	丁亥戊	14.13.21	丁亥甲	19.12.13	丁亥壬	——	——	14
12月	丁亥壬	7.07.52	戊子壬	17.03.58	戊子癸	——	——	——	——	44

1981年(民國70年)

年柱	庚申庚→2月4日6時43分→辛酉庚→6月6日5時22分→辛酉辛									
月柱	自 至	日 時 分	自 至	日 時 分	自 至	日 時 分	自 至	日 時 分	自 至	日柱
1月	戊子癸	5.19.02	己丑癸	14.15.20	己丑辛	17.19.55	己丑己	——	——	15
2月	己丑己	4.06.43	庚寅戊	11.05.16	庚寅丙	18.09.38	庚寅甲	——	——	46
3月	庚寅甲	6.00.50	辛卯甲	16.02.52	辛卯乙	——	——	——	——	14
4月	辛卯乙	5.05.47	壬辰乙	14.11.02	壬辰癸	17.18.35	壬辰戊	——	——	45
5月	壬辰戊	5.23.15	癸巳戊	11.04.03	癸巳庚	20.18.21	癸巳丙	——	——	15
6月	癸巳丙	6.03.32	甲午丙	16.15.22	甲午己	26.07.29	甲午丁	——	——	46
7月	甲午丁	7.13.51	乙未丁	16.23.58	乙未乙	20.09.10	乙未己	——	——	16
8月	乙未己	7.23.36	丙申己	15.05.04	丙申戊	18.13.33	丙申壬	21.16.14	丙申庚	47
9月	丙申庚	8.02.25	丁酉庚	18.07.58	丁酉辛	——	——	——	——	18
10月	丁酉辛	8.17.54	戊戌辛	17.18.49	戊戌丁	21.00.55	戊戌戊	——	——	48
11月	戊戌戊	7.20.56	己亥戊	14.19.10	己亥甲	19.23.50	己亥壬	——	——	19
12月	己亥壬	7.13.40	庚子壬	17.09.47	庚子癸	——	——	——	——	49

1982 年(民國 71 年)

年柱	辛酉辛→2 月 4 日12時32分→壬戌辛→5 月25日 2 時16分→壬戌丁 壬戌丁→6 月30日14時51分→壬戌戊									
月柱	自　至	日 時 分	自　至	日 時 分	自　至	日 時 分	自　至	日 時 分	自　至	日柱
1月	庚子癸	6.00.51	辛丑癸	14.21.09	辛丑辛	17.19.55	辛丑己	——	——	20
2月	辛丑己	4.12.32	壬寅戊	11.11.05	壬寅丙	18.09.38	壬寅甲	——	——	51
3月	壬寅甲	6.06.39	癸卯甲	16.08.41	癸卯乙	——	——	——	——	19
4月	癸卯乙	5.11.36	甲辰乙	14.16.51	甲辰癸	17.18.35	甲辰戊	——	——	50
5月	甲辰戊	6.05.04	乙巳戊	11.09.52	乙巳庚	20.18.21	乙巳丙	——	——	20
6月	乙巳丙	6.09.21	丙午丙	16.21.11	丙午己	26.07.29	丙午丁	——	——	51
7月	丙午丁	7.19.39	丁未丁	17.05.47	丁未乙	20.09.10	丁未己	——	——	21
8月	丁未己	8.05.25	戊申己	15.10.52	戊申戊	18.13.33	戊申壬	21.16.14	戊申庚	52
9月	戊申庚	8.08.13	己酉庚	18.13.47	己酉辛	——	——	——	——	23
10月	己酉辛	8.23.43	庚戌辛	18.00.37	庚戌丁	21.00.55	庚戌戊	——	——	53
11月	庚戌戊	8.02.45	辛亥戊	15.00.58	辛亥甲	19.23.50	辛亥壬	——	——	24
12月	辛亥壬	7.19.29	壬子壬	17.15.36	壬子癸	——	——	——	——	54

1983 年(民國 72 年)

年柱	壬戌戊→2 月 4 日18時20分→癸亥戊→4 月30日22時45分→癸亥甲 癸亥甲→6 月30日20時40分→癸亥壬									
月柱	自　至	日 時 分	自　至	日 時 分	自　至	日 時 分	自　至	日 時 分	自　至	日柱
1月	壬子癸	6.06.39	癸丑癸	15.02.58	癸丑辛	18.01.44	癸丑己	——	——	25
2月	癸丑己	4.18.20	甲寅戊	11.16.53	甲寅丙	18.15.27	甲寅甲	——	——	56
3月	甲寅甲	6.12.28	乙卯甲	16.14.30	乙卯乙	——	——	——	——	24
4月	乙卯乙	5.17.25	丙辰乙	14.22.39	丙辰癸	18.00.24	丙辰戊	——	——	55
5月	丙辰戊	6.10.53	丁巳戊	11.15.40	丁巳庚	21.00.09	丁巳丙	——	——	25
6月	丁巳丙	6.15.09	戊午丙	17.03.00	戊午己	26.13.18	戊午丁	——	——	56
7月	戊午丁	8.01.28	己未丁	17.11.36	己未乙	20.14.58	己未己	——	——	26
8月	己未己	8.11.14	庚申己	15.16.41	庚申戊	18.19.22	庚申壬	21.22.03	庚申庚	57
9月	庚申庚	8.14.02	辛酉庚	18.19.35	辛酉辛	——	——	——	——	28
10月	辛酉辛	9.05.31	壬戌辛	18.06.26	壬戌丁	21.06.44	壬戌戊	——	——	58
11月	壬戌戊	8.08.33	癸亥戊	15.06.47	癸亥甲	20.05.39	癸亥壬	——	——	29
12月	癸亥壬	8.01.18	甲子壬	17.21.24	甲子癸	——	——	——	——	59

1984年(民國73年) 閏

年柱	癸亥壬→2月5日00時12分→甲子壬→6月5日22時51分→甲子癸									
月柱	自 至	日 時 分	自 至	日 時 分	自 至	日 時 分	自 至	日 時 分	自 至	日柱
1月	甲子癸	6.12.31	乙丑癸	15.08.50	乙丑辛	18.07.36	乙丑己	——	——	30
2月	乙丑己	5.00.12	丙寅戊	11.22.45	丙寅丙	18.21.18	丙寅甲	——	——	1
3月	丙寅甲	5.18.18	丁卯甲	15.20.20	丁卯乙	——	——	——	——	30
4月	丁卯乙	4.23.14	戊辰乙	14.04.28	戊辰癸	17.06.12	戊辰戊	——	——	1
5月	戊辰戊	5.16.40	己巳戊	10.21.27	己巳庚	20.05.56	己巳丙	——	——	31
6月	己巳丙	5.20.55	庚午丙	16.08.46	庚午己	25.19.03	庚午丁	——	——	2
7月	庚午丁	7.07.13	辛未丁	16.17.21	辛未乙	19.20.44	辛未己	——	——	32
8月	辛未己	7.17.00	壬申己	14.22.27	壬申戊	18.01.08	壬申壬	21.03.49	壬申庚	3
9月	壬申庚	7.19.49	癸酉庚	18.01.23	癸酉辛	——	——	——	——	34
10月	癸酉辛	8.11.20	甲戌辛	17.12.15	甲戌丁	20.12.34	甲戌戊	——	——	4
11月	甲戌戊	7.14.24	乙亥戊	14.12.38	乙亥甲	19.11.30	乙亥壬	——	——	35
12月	乙亥壬	7.07.10	丙子壬	17.03.16	丙子癸	——	——	——	——	5

1985年(民國74年)

年柱	甲子癸→2月4日6時01分→乙丑癸→5月24日19時46分→乙丑辛 乙丑辛→6月30日8時21分→乙丑己									
月柱	自 至	日 時 分	自 至	日 時 分	自 至	日 時 分	自 至	日 時 分	自 至	日柱
1月	丙子癸	5.18.20	丁丑癸	14.14.38	丁丑辛	17.13.24	丁丑己	——	——	36
2月	丁丑己	4.06.01	戊寅戊	11.04.34	戊寅丙	18.03.06	戊寅甲	——	——	7
3月	戊寅甲	6.00.07	己卯甲	16.02.09	己卯乙	——	——	——	——	35
4月	己卯乙	5.05.03	庚辰乙	14.10.16	庚辰癸	17.12.01	庚辰戊	——	——	6
5月	庚辰戊	5.22.29	辛巳戊	11.03.16	辛巳庚	20.11.45	辛巳丙	——	——	36
6月	辛巳丙	6.02.44	壬午丙	16.14.34	壬午己	26.00.52	壬午丁	——	——	7
7月	壬午丁	7.13.02	癸未丁	16.23.10	癸未乙	20.02.33	癸未己	——	——	37
8月	癸未己	7.22.48	甲申己	15.04.16	甲申戊	18.06.57	甲申壬	21.09.38	甲申庚	8
9月	甲申庚	8.01.38	乙酉庚	18.07.12	乙酉辛	——	——	——	——	39
10月	乙酉辛	8.17.09	丙戌辛	17.18.04	丙戌丁	20.18.22	丙戌戊	——	——	9
11月	丙戌戊	7.20.13	丁亥戊	14.18.27	丁亥甲	19.17.19	丁亥壬	——	——	40
12月	丁亥壬	7.12.58	戊子壬	17.09.05	戊子癸	——	——	——	——	10

1986年(民國75年)

年柱	乙丑己→2月4日11時50分→丙寅戊→4月30日16時15分→丙寅丙									
	丙寅丙→7月24日20時40分→丙寅甲									
月柱	自　至	日 時 分	自　至	日 時 分	自　至	日 時 分	自　至	日 時 分	自　至	日柱
1月	戊子癸	6.00.09	己丑癸	14.20.27	己丑辛	17.19.13	己丑己	——	——	41
2月	己丑己	4.11.50	庚寅戊	11.10.22	庚寅丙	18.08.55	庚寅甲	——	——	12
3月	庚寅甲	6.05.56	辛卯甲	16.07.58	辛卯乙	——	——	——	——	40
4月	辛卯乙	5.10.51	壬辰乙	14.16.05	壬辰癸	17.17.50	壬辰戊	——	——	11
5月	壬辰戊	6.04.18	癸巳戊	11.09.05	癸巳庚	20.17.34	癸巳丙	——	——	41
6月	癸巳丙	6.08.33	甲午丙	16.20.23	甲午己	26.06.41	甲午丁	——	——	12
7月	甲午丁	7.18.51	乙未丁	17.04.59	乙未乙	20.08.21	乙未己	——	——	42
8月	乙未己	8.04.37	丙申己	15.10.05	丙申戊	18.12.45	丙申壬	21.15.26	丙申庚	13
9月	丙申庚	8.07.27	丁酉庚	18.13.01	丁酉辛	——	——	——	——	44
10月	丁酉辛	8.22.58	戊戌辛	17.23.53	戊戌丁	21.00.11	戊戌戊	——	——	14
11月	戊戌戊	8.02.01	己亥戊	15.00.15	己亥甲	19.23.08	己亥壬	——	——	45
12月	己亥壬	7.18.47	庚子壬	17.14.54	庚子癸	——	——	——	——	15

1987年(民國76年)

年柱	丙寅甲→2月4日17時38分→丁卯甲→6月6日16時18分→丁卯乙									
月柱	自　至	日 時 分	自　至	日 時 分	自　至	日 時 分	自　至	日 時 分	自　至	日柱
1月	庚子癸	6.05.58	辛丑癸	15.02.16	辛丑辛	18.01.02	辛丑己	——	——	46
2月	辛丑己	4.17.38	壬寅戊	11.16.11	壬寅丙	18.14.44	壬寅甲	——	——	17
3月	壬寅甲	6.11.44	癸卯甲	16.13.46	癸卯乙	——	——	——	——	45
4月	癸卯乙	5.16.40	甲辰乙	14.21.54	甲辰癸	17.23.39	甲辰戊	——	——	16
5月	甲辰戊	6.10.06	乙巳戊	11.14.54	乙巳庚	20.23.22	乙巳丙	——	——	46
6月	乙巳丙	6.14.22	丙午丙	17.02.12	丙午己	26.12.29	丙午丁	——	——	17
7月	丙午丁	8.00.40	丁未丁	17.10.48	丁未乙	20.14.10	丁未己	——	——	47
8月	丁未己	8.10.26	戊申己	15.15.53	戊申戊	18.18.34	戊申壬	21.21.15	戊申庚	18
9月	戊申庚	8.13.15	己酉庚	18.18.49	己酉辛	——	——	——	——	49
10月	己酉辛	9.04.46	庚戌辛	18.05.41	庚戌丁	21.06.00	庚戌戊	——	——	19
11月	庚戌戊	8.07.50	辛亥戊	15.06.04	辛亥甲	20.04.56	辛亥壬	——	——	50
12月	辛亥壬	8.00.36	壬子壬	17.20.42	壬子癸	——	——	——	——	20

1988年(民國77年) 閏

年柱	丁卯乙→2月4日23時30分→戊辰乙→5月24日13時15分→戊辰癸									
	戊辰癸→6月30日1時50分→戊辰戊									
月柱	自 至	日 時 分	自 至	日 時 分	自 至	日 時 分	自 至	日 時 分	自 至	日柱
1月	壬子癸	6.11.50	癸丑癸	15.08.08	癸丑辛	18.06.54	癸丑己	——	——	51
2月	癸丑己	4.23.30	甲寅戊	11.22.02	甲寅丙	18.20.35	甲寅甲	——	——	22
3月	甲寅甲	5.17.35	乙卯甲	15.19.36	乙卯乙	——	——	——	——	51
4月	乙卯乙	4.22.29	丙辰乙	14.03.42	丙辰癸	17.05.27	丙辰戊	——	——	22
5月	丙辰戊	5.15.53	丁巳戊	10.20.41	丁巳庚	20.05.09	丁巳丙	——	——	52
6月	丁巳丙	5.20.07	戊午丙	16.07.58	戊午己	25.18.15	戊午丁	——	——	23
7月	戊午丁	7.06.25	己未丁	16.16.33	己未乙	19.19.56	己未己	——	——	53
8月	己未己	7.16.12	庚申己	14.21.39	庚申戊	18.00.20	庚申壬	21.03.02	庚申庚	24
9月	庚申庚	7.19.02	辛酉庚	18.00.37	辛酉辛	——	——	——	——	55
10月	辛酉辛	8.10.35	壬戌辛	17.11.31	壬戌丁	20.11.49	壬戌戊	——	——	25
11月	壬戌戊	7.13.40	癸亥戊	14.11.55	癸亥甲	19.10.47	癸亥壬	——	——	56
12月	癸亥壬	7.06.27	甲子壬	17.02.34	甲子癸	——	——	——	——	26

1989年(民國78年)

年柱	戊辰戊→2月4日5時19分→己巳戊→4月6日3時14分→己巳庚									
	己巳庚→7月24日16時58分→己巳丙									
月柱	自 至	日 時 分	自 至	日 時 分	自 至	日 時 分	自 至	日 時 分	自 至	日柱
1月	甲子癸	5.17.39	乙丑癸	14.13.57	乙丑辛	17.12.43	乙丑己	——	——	57
2月	乙丑己	4.05.19	丙寅戊	11.03.51	丙寅丙	18.02.24	丙寅甲	——	——	28
3月	丙寅甲	5.23.24	丁卯甲	16.01.25	丁卯乙	——	——	——	——	56
4月	丁卯乙	5.04.18	戊辰乙	14.09.31	戊辰癸	17.11.16	戊辰戊	——	——	27
5月	戊辰戊	5.21.42	己巳戊	11.02.29	己巳庚	20.10.58	己巳丙	——	——	57
6月	己巳丙	6.01.56	庚午丙	16.13.46	庚午己	26.00.04	庚午丁	——	——	28
7月	庚午丁	7.12.14	辛未丁	16.22.22	辛未乙	20.01.45	辛未己	——	——	58
8月	辛未己	7.22.01	壬申己	15.03.28	壬申戊	18.06.09	壬申壬	21.08.50	壬申庚	29
9月	壬申庚	8.00.51	癸酉庚	18.06.26	癸酉辛	——	——	——	——	0
10月	癸酉辛	8.16.24	甲戌辛	17.17.19	甲戌丁	20.17.38	甲戌戊	——	——	30
11月	甲戌戊	7.19.29	乙亥戊	14.17.43	乙亥甲	19.16.36	乙亥壬	——	——	1
12月	乙亥壬	7.12.16	丙子壬	17.08.23	丙子癸	——	——	——	——	31

1990 年(民國 79 年)

年柱	己巳丙→2月4日11時08分→庚午丙→6月6日9時47分→庚午己									
	庚午己→9月23日23時32分→庚午丁									
月柱	自 至	日 時 分	自 至	日 時 分	自 至	日 時 分	自 至	日 時 分	自 至	日柱
1月	丙子癸	5.23.27	丁丑癸	14.19.45	丁丑辛	17.18.31	丁丑己	——	——	2
2月	丁丑己	4.11.08	戊寅戊	11.09.40	戊寅丙	18.08.13	戊寅甲	——	——	23
3月	戊寅甲	6.05.13	己卯甲	16.07.14	己卯乙	——	——	——	——	1
4月	己卯乙	5.10.07	庚辰乙	14.15.20	庚辰癸	17.17.04	庚辰戊	——	——	32
5月	庚辰戊	6.03.31	辛巳戊	11.08.18	辛巳庚	20.16.46	辛巳丙	——	——	2
6月	辛巳丙	6.07.45	壬午丙	16.19.35	壬午己	26.05.52	壬午丁	——	——	33
7月	壬午丁	7.18.03	癸未丁	17.04.11	癸未乙	20.07.33	癸未己	——	——	3
8月	癸未己	8.03.49	甲申己	15.09.17	甲申戊	18.11.58	甲申壬	21.14.39	甲申庚	34
9月	甲申庚	8.06.40	乙酉庚	18.12.14	乙酉辛	——	——	——	——	5
10月	乙酉辛	8.22.13	丙戌辛	17.23.08	丙戌丁	20.23.27	丙戌戊	——	——	35
11月	丙戌戊	8.01.18	丁亥戊	14.23.32	丁亥甲	19.22.25	丁亥壬	——	——	6
12月	丁亥壬	7.18.05	戊子壬	17.14.12	戊子癸	——	——	——	——	36

1991 年(民國 80 年)

年柱	庚午丁→2月4日16時56分→辛未丁→5月25日6時41分→辛未乙									
	辛未乙→6月30日19時16分→辛未己									
月柱	自 至	日 時 分	自 至	日 時 分	自 至	日 時 分	自 至	日 時 分	自 至	日柱
1月	戊子癸	6.05.16	己丑癸	15.01.34	己丑辛	18.00.20	己丑己	——	——	7
2月	己丑己	4.16.56	庚寅戊	11.15.29	庚寅丙	18.14.01	庚寅甲	——	——	38
3月	庚寅甲	6.11.01	辛卯甲	16.13.03	辛卯乙	——	——	——	——	6
4月	辛卯乙	5.15.55	壬辰乙	14.21.09	壬辰癸	17.22.53	壬辰戊	——	——	37
5月	壬辰戊	6.09.20	癸巳戊	11.14.07	癸巳庚	20.22.35	癸巳丙	——	——	7
6月	癸巳丙	6.13.34	甲午丙	17.01.24	甲午己	26.11.41	甲午丁	——	——	38
7月	甲午丁	7.23.51	乙未丁	17.09.59	乙未乙	20.13.22	乙未己	——	——	8
8月	乙未己	8.09.38	丙申己	15.15.06	丙申戊	18.17.47	丙申壬	21.20.28	丙申庚	39
9月	丙申庚	8.12.28	丁酉庚	18.18.03	丁酉辛	——	——	——	——	10
10月	丁酉辛	9.04.01	戊戌辛	18.04.57	戊戌丁	21.05.15	戊戌戊	——	——	40
11月	戊戌戊	8.07.07	己亥戊	15.05.21	己亥甲	20.04.13	己亥壬	——	——	11
12月	己亥壬	7.23.54	庚子壬	17.20.00	庚子癸	——	——	——	——	41

1992 年(民國 81 年) 閏

年柱	辛未己→2 月 4 日22時48分→壬申己→4 月29日18時44分→壬申戊										
	壬申戊→6 月 5 日 7 時19分→壬申壬→7 月11日19時54分→壬申庚										
月柱	自　至	日 時 分	自　至	日 時 分	自　至	日 時 分	自　至	日 時 分	自　至	日柱	
1月	庚子癸	6.11.08	辛丑癸	15.07.26	辛丑辛	18.06.12	辛丑己	——	——	12	
2月	辛丑己	4.22.48	壬寅戊	11.21.20	壬寅丙	18.19.52	壬寅甲	——	——	43	
3月	壬寅甲	5.16.52	癸卯甲	15.18.53	癸卯乙	——	——	——	——	12	
4月	癸卯乙	4.21.44	甲辰乙	14.02.57	甲辰癸	17.04.41	甲辰戊	——	——	43	
5月	甲辰戊	5.15.07	乙巳戊	10.19.54	乙巳庚	20.04.22	乙巳丙	——	——	13	
6月	乙巳丙	5.19.20	丙午丙	16.07.10	丙午己	25.17.27	丙午丁	——	——	44	
7月	丙午丁	7.05.37	丁未丁	16.15.45	丁未乙	19.19.08	丁未己	——	——	14	
8月	丁未己	7.15.24	戊申己	14.20.52	戊申戊	17.23.33	戊申壬	21.02.14	戊申庚	45	
9月	戊申庚	7.18.16	己酉庚	17.23.51	己酉辛	——	——	——	——	16	
10月	己酉辛	8.09.50	庚戌辛	17.10.46	庚戌丁	20.11.05	庚戌戊	——	——	46	
11月	庚戌戊	7.12.57	辛亥戊	14.11.12	辛亥甲	19.10.04	辛亥壬	——	——	17	
12月	辛亥壬	7.05.45	壬子壬	17.01.52	壬子癸	——	——	——	——	47	

1993 年(民國 82 年)

年柱	壬申庚→2 月 4 日 4 時37分→癸酉庚→6 月 6 日 3 時16分→癸酉辛										
月柱	自　至	日 時 分	自　至	日 時 分	自　至	日 時 分	自　至	日 時 分	自　至	日柱	
1月	壬子癸	5.16.57	癸丑癸	14.13.15	癸丑辛	17.12.01	癸丑己	——	——	18	
2月	癸丑己	4.04.37	甲寅戊	11.03.09	甲寅丙	18.01.41	甲寅甲	——	——	49	
3月	甲寅甲	5.22.41	乙卯甲	16.00.41	乙卯乙	——	——	——	——	17	
4月	乙卯乙	5.03.33	丙辰乙	14.08.46	丙辰癸	17.10.30	丙辰戊	——	——	48	
5月	丙辰戊	5.20.56	丁巳戊	11.01.43	丁巳庚	20.10.10	丁巳丙	——	——	18	
6月	丁巳酉	6.01.08	戊午丙	16.12.58	戊午己	25.23.16	戊午丁	——	——	49	
7月	戊午丁	7.11.25	己未丁	16.21.34	己未乙	20.00.56	己未己	——	——	19	
8月	己未己	7.21.13	庚申己	15.02.40	庚申戊	18.05.22	庚申壬	21.08.03	庚申庚	50	
9月	庚申庚	8.00.04	辛酉庚	18.05.40	辛酉辛	——	——	——	——	21	
10月	辛酉辛	8.15.39	壬戌辛	17.16.35	丁戌丁	20.16.54	壬戌戊	——	——	51	
11月	壬戌戊	7.18.46	癸亥戊	14.17.00	癸亥甲	19.15.53	癸亥壬	——	——	22	
12月	癸亥壬	7.11.34	甲子壬	17.07.41	甲子癸	——	——	——	——	52	

1994年(民國83年)

年柱										
年柱	癸酉辛→2月4日10時26分→甲戌辛→5月25日00時10分→甲戌丁									
	甲戌丁→6月30日12時45分→甲戌戊									
月柱	自 至	日 時 分	自 至	日 時 分	自 至	日 時 分	自 至	日 時 分	自 至	日柱
1月	甲子癸	5.22.46	乙丑癸	14.19.04	乙丑辛	17.17.50	乙丑己	——	——	23
2月	乙丑己	4.10.26	丙寅戊	11.08.58	丙寅丙	18.07.30	丙寅甲	——	——	54
3月	丙寅甲	6.04.29	丁卯甲	16.06.30	丁卯乙	——	——	——	——	22
4月	丁卯乙	5.09.22	戊辰乙	14.14.35	戊辰癸	17.16.19	戊辰戊	——	——	53
5月	戊辰戊	6.02.45	己巳戊	11.07.31	己巳庚	20.15.59	己巳丙	——	——	23
6月	己巳丙	6.06.57	庚午丙	16.18.47	庚午己	26.05.04	庚午丁	——	——	54
7月	庚午丁	7.17.14	辛未丁	17.03.22	辛未乙	20.06.45	辛未己	——	——	24
8月	辛未己	8.03.01	壬申己	15.08.29	壬申戊	18.11.10	壬申壬	21.13.51	壬申庚	55
9月	壬申庚	8.05.53	癸酉庚	18.11.28	癸酉辛	——	——	——	——	26
10月	癸酉辛	8.21.27	甲戌辛	17.22.24	甲戌丁	20.22.42	甲戌戊	——	——	56
11月	甲戌戊	8.00.34	乙亥戊	14.22.49	乙亥甲	19.21.42	乙亥壬	——	——	27
12月	乙亥壬	7.17.23	丙子壬	17.13.30	丙子癸	——	——	——	——	57

1995年(民國84年)

年柱										
年柱	甲戌戊→2月4日16時14分→乙亥戊→4月30日20時39分→乙亥甲									
	乙亥甲→6月30日18時34分→乙亥壬									
月柱	自 至	日 時 分	自 至	日 時 分	自 至	日 時 分	自 至	日 時 分	自 至	日柱
1月	丙子癸	6.04.34	丁丑癸	15.00.52	丁丑辛	17.23.38	丁丑己	——	——	28
2月	丁丑己	4.16.14	戊寅戊	11.14.47	戊寅丙	18.13.19	戊寅甲	——	——	59
3月	戊寅甲	6.10.18	己卯甲	16.12.19	己卯乙	——	——	——	——	27
4月	己卯乙	5.15.11	庚辰乙	14.20.24	庚辰癸	17.22.08	庚辰戊	——	——	58
5月	庚辰戊	6.08.33	辛巳戊	11.13.20	辛巳庚	20.21.48	辛巳丙	——	——	28
6月	辛巳丙	6.12.46	壬午丙	17.00.36	壬午己	26.10.53	壬午丁	——	——	59
7月	壬午丁	7.23.03	癸未丁	17.09.11	癸未乙	20.12.34	癸未己	——	——	29
8月	癸未己	8.08.50	甲申己	15.14.18	甲申戊	18.16.59	甲申壬	21.19.40	甲申庚	0
9月	甲申庚	8.11.42	乙酉庚	18.17.17	乙酉辛	——	——	——	——	31
10月	乙酉辛	9.03.16	丙戌辛	18.04.12	丙戌丁	21.04.31	丙戌戊	——	——	1
11月	丙戌戊	8.06.23	丁亥戊	15.04.38	丁亥甲	20.03.30	丁亥壬	——	——	32
12月	丁亥壬	7.23.11	戊子壬	17.19.18	戊子癸	——	——	——	——	2

1996年(民國85年) 閏

年柱	乙亥戊→2月4日22時06分→丙子壬→6月5日20時45分→丙子癸

月柱	自 至	日 時 分	自 至	日 時 分	自 至	日 時 分	自 至	日 時 分	自 至	日柱
1月	戊子癸	6.10.26	己丑癸	15.06.44	己丑辛	18.05.30	己丑己	——	——	33
2月	己丑己	4.22.06	庚寅戊	11.20.38	庚寅丙	18.19.10	庚寅甲	——	——	4
3月	庚寅甲	5.16.09	辛卯甲	15.18.09	辛卯乙	——	——	——	——	33
4月	辛卯乙	4.20.59	壬辰乙	14.02.12	壬辰癸	17.03.56	壬辰戊	——	——	4
5月	壬辰戊	5.14.20	癸巳戊	10.19.07	癸巳庚	20.03.35	癸巳丙	——	——	34
6月	癸巳丙	5.18.32	甲午丙	16.06.22	甲午己	25.16.39	甲午丁	——	——	5
7月	甲午丁	7.04.48	乙未丁	16.14.57	乙未乙	19.18.19	乙未己	——	——	35
8月	乙未己	7.14.36	丙申己	14.20.04	丙申戊	17.22.45	丙申壬	21.01.27	丙申庚	6
9月	丙申庚	7.17.29	丁酉庚	17.23.05	丁酉辛	——	——	——	——	37
10月	丁酉辛	8.09.05	戊戌辛	17.10.02	戊戌丁	20.10.20	戊戌戊	——	——	7
11月	戊戌戊	7.12.14	己亥戊	14.10.29	己亥甲	19.09.21	己亥壬	——	——	38
12月	己亥壬	7.05.03	庚子壬	17.01.10	庚子癸	——	——	——	——	8

1997年(民國86年)

年柱	丙子癸→2月4日3時55分→丁丑癸→5月24日17時40分→丁丑辛
	丁丑辛→6月30日6時15分→丁丑己

月柱	自 至	日 時 分	自 至	日 時 分	自 至	日 時 分	自 至	日 時 分	自 至	日柱
1月	庚子癸	5.16.15	辛丑癸	14.12.33	辛丑辛	17.11.19	辛丑己	——	——	39
2月	辛丑己	4.03.55	壬寅戊	11.02.27	壬寅丙	18.00.59	壬寅甲	——	——	10
3月	壬寅甲	5.21.57	癸卯甲	15.23.58	癸卯乙	——	——	——	——	38
4月	癸卯乙	5.02.48	甲辰乙	14.08.01	甲辰癸	17.09.45	甲辰戊	——	——	9
5月	甲辰戊	5.20.09	乙巳戊	11.00.56	乙巳庚	20.09.23	乙巳丙	——	——	39
6月	乙巳丙	6.00.21	丙午丙	16.12.10	丙午己	25.22.27	丙午丁	——	——	10
7月	丙午丁	7.10.37	丁未丁	16.20.45	丁未乙	20.00.08	丁未己	——	——	40
8月	丁未己	7.20.25	戊申己	15.01.53	戊申戊	18.04.34	戊申壬	21.07.15	戊申庚	11
9月	戊申庚	7.23.18	己酉庚	18.04.53	己酉辛	——	——	——	——	42
10月	己酉辛	8.14.54	庚戌辛	17.15.50	庚戌丁	20.16.09	庚戌戊	——	——	12
11月	庚戌戊	7.18.02	辛亥戊	14.16.17	辛亥甲	19.15.10	辛亥壬	——	——	43
12月	辛亥壬	7.10.52	壬子壬	17.06.59	壬子癸	——	——	——	——	13

1998 年(民國 87 年)

年柱	丁丑己→2 月 4 日 9 時44分→戊寅戊→4 月30日14時09分→戊寅丙									
	戊寅丙→7 月24日18時34分→戊寅甲									
月柱	自　至	日　時　分	自　至	日　時　分	自　至	日　時　分	自　至	日　時　分	自　至	日柱
1 月	壬子癸	5.22.04	癸丑癸	14.18.22	癸丑辛	17.17.08	癸丑乙	——	——	44
2 月	癸丑己	4.09.44	甲寅戊	11.08.16	甲寅丙	18.06.48	甲寅甲	——	——	15
3 月	甲寅甲	6.03.46	乙卯甲	16.05.47	乙卯乙	——	——	——	——	43
4 月	乙卯乙	5.08.37	丙辰乙	14.13.49	丙辰癸	17.15.33	丙辰戊	——	——	14
5 月	丙辰戊	6.01.58	丁巳戊	11.06.45	丁巳庚	20.15.12	丁巳丙	——	——	44
6 月	丁巳丙	6.06.09	戊午丙	16.17.59	戊午己	26.04.16	戊午丁	——	——	15
7 月	戊午丁	7.16.26	己未丁	17.02.34	己未乙	20.05.57	己未己	——	——	45
8 月	己未己	8.02.13	庚申己	15.07.41	庚申戊	18.10.23	庚申壬	21.13.04	庚申庚	16
9 月	庚申庚	8.05.06	辛酉庚	18.10.42	辛酉辛	——	——	——	——	47
10月	辛酉辛	8.20.42	壬戌辛	17.21.39	壬戌丁	20.21.58	壬戌戊	——	——	17
11月	壬戌戊	7.23.51	癸亥戊	14.22.06	癸亥甲	19.20.59	癸亥壬	——	——	48
12月	癸亥壬	7.16.41	甲子壬	17.12.48	甲子癸	——	——	——	——	18

1999 年(民國 88 年)

年柱	戊寅申→2 月 4 日15時32分→己卯甲→6 月 6 日14時12分→己卯乙									
月柱	自　至	日　時　分	自　至	日　時　分	自　至	日　時　分	自　至	日　時　分	自　至	日柱
1 月	甲子癸	6.03.53	乙丑癸	15.00.11	乙丑辛	17.22.57	乙丑己	——	——	49
2 月	乙丑己	4.15.32	丙寅戊	11.14.04	丙寅丙	18.12.36	丙寅甲	——	——	20
3 月	丙寅甲	6.09.35	丁卯甲	16.11.35	丁卯乙	——	——	——	——	48
4 月	丁卯乙	5.14.26	戊辰乙	14.19.38	戊辰癸	17.21.22	戊辰戊	——	——	19
5 月	戊辰戊	6.07.47	己巳戊	11.12.34	己巳庚	20.21.01	己巳丙	——	——	49
6 月	己巳丙	6.11.58	庚午丙	16.23.48	庚午己	26.10.05	庚午丁	——	——	20
7 月	庚午丁	7.22.15	辛未丁	17.08.23	辛未乙	20.11.46	辛未己	——	——	50
8 月	辛未己	8.08.02	壬申己	15.13.30	壬申戊	18.16.11	壬申壬	21.18.53	壬申庚	21
9 月	壬申庚	8.10.55	癸酉庚	18.16.31	癸酉辛	——	——	——	——	52
10月	癸酉辛	9.02.31	甲戌辛	18.03.28	甲戌丁	21.03.47	甲戌戊	——	——	22
11月	甲戌戊	8.05.40	乙亥戊	15.03.55	乙亥甲	20.02.48	乙亥壬	——	——	53
12月	乙亥壬	7.22.29	丙子壬	17.18.36	丙子癸	——	——	——	——	23

2000年(民國89年) 閏

年柱										
年柱	己卯乙→2月4日21時24分→庚辰乙→5月24日11時09分→庚辰癸									
	庚辰癸→6月29日23時44分→庚辰戊									
月柱	自 至	日 時 分	自 至	日 時 分	自 至	日 時 分	自 至	日 時 分	自 至	日柱
1月	丙子癸	6.09.45	丁丑癸	15.06.03	丁丑辛	18.04.48	丁丑己	——	——	54
2月	丁丑己	4.21.24	戊寅戊	11.19.56	戊寅丙	18.18.27	戊寅甲	——	——	25
3月	戊寅甲	5.15.25	己卯甲	15.17.25	己卯乙	——	——	——	——	54
4月	己卯乙	4.20.15	庚辰乙	14.01.26	庚辰癸	17.03.10	庚辰戊	——	——	25
5月	庚辰戊	5.13.34	辛巳戊	10.18.20	辛巳庚	20.02.47	辛巳丙	——	——	55
6月	辛巳丙	5.17.44	壬午丙	16.05.34	壬午己	25.15.50	壬午丁	——	——	26
7月	壬午丁	7.04.00	癸未丁	16.14.08	癸未乙	19.17.31	癸未己	——	——	56
8月	癸未己	7.13.48	甲申己	14.19.16	甲申戊	17.21.58	甲申壬	21.00.39	甲申庚	27
9月	甲申庚	7.16.42	乙酉庚	17.22.18	乙酉辛	——	——	——	——	58
10月	乙酉辛	8.08.20	丙戌辛	17.09.17	丙戌丁	20.09.36	丙戌戊	——	——	28
11月	丙戌戊	7.11.30	丁亥戊	14.09.45	丁亥甲	19.08.39	丁亥壬	——	——	59
12月	丁亥壬	7.04.21	戊子壬	17.00.28	戊子癸	——	——	——	——	29

大展出版社有限公司 圖書目錄

地址：台北市北投區(石牌)
致遠一路二段 12 巷 1 號
郵撥：0166955～1
電話：(02)28236031
28236033
傳真：(02)28272069

・法律專欄連載・電腦編號 58

台大法學院 法律學系／策劃
法律服務社／編著

1. 別讓您的權利睡著了 1		200 元
2. 別讓您的權利睡著了 2		200 元

・秘傳占卜系列・電腦編號 14

1. 手相術	淺野八郎著	180 元
2. 人相術	淺野八郎著	180 元
3. 西洋占星術	淺野八郎著	180 元
4. 中國神奇占卜	淺野八郎著	150 元
5. 夢判斷	淺野八郎著	150 元
6. 前世、來世占卜	淺野八郎著	150 元
7. 法國式血型學	淺野八郎著	150 元
8. 靈感、符咒學	淺野八郎著	150 元
9. 紙牌占卜學	淺野八郎著	150 元
10. ESP 超能力占卜	淺野八郎著	150 元
11. 猶太數的秘術	淺野八郎著	150 元
12. 新心理測驗	淺野八郎著	160 元
13. 塔羅牌預言秘法	淺野八郎著	200 元

・趣味心理講座・電腦編號 15

1. 性格測驗① 探索男與女	淺野八郎著	140 元
2. 性格測驗② 透視人心奧秘	淺野八郎著	140 元
3. 性格測驗③ 發現陌生的自己	淺野八郎著	140 元
4. 性格測驗④ 發現你的真面目	淺野八郎著	140 元
5. 性格測驗⑤ 讓你們吃驚	淺野八郎著	140 元
6. 性格測驗⑥ 洞穿心理盲點	淺野八郎著	140 元
7. 性格測驗⑦ 探索對方心理	淺野八郎著	140 元
8. 性格測驗⑧ 由吃認識自己	淺野八郎著	160 元
9. 性格測驗⑨ 戀愛知多少	淺野八郎著	160 元
10. 性格測驗⑩ 由裝扮瞭解人心	淺野八郎著	160 元

11. 性格測驗⑪ 敲開內心玄機	淺野八郎著	140 元
12. 性格測驗⑫ 透視你的未來	淺野八郎著	160 元
13. 血型與你的一生	淺野八郎著	160 元
14. 趣味推理遊戲	淺野八郎著	160 元
15. 行為語言解析	淺野八郎著	160 元

·婦幼天地· 電腦編號 16

1. 八萬人減肥成果	黃靜香譯	180 元
2. 三分鐘減肥體操	楊鴻儒譯	150 元
3. 窈窕淑女美髮秘訣	柯素娥譯	130 元
4. 使妳更迷人	成　玉譯	130 元
5. 女性的更年期	官舒姸編譯	160 元
6. 胎內育兒法	李玉瓊編譯	150 元
7. 早產兒袋鼠式護理	唐岱蘭譯	200 元
8. 初次懷孕與生產	婦幼天地編譯組	180 元
9. 初次育兒 12 個月	婦幼天地編譯組	180 元
10. 斷乳食與幼兒食	婦幼天地編譯組	180 元
11. 培養幼兒能力與性向	婦幼天地編譯組	180 元
12. 培養幼兒創造力的玩具與遊戲	婦幼天地編譯組	180 元
13. 幼兒的症狀與疾病	婦幼天地編譯組	180 元
14. 腿部苗條健美法	婦幼天地編譯組	180 元
15. 女性腰痛別忽視	婦幼天地編譯組	150 元
16. 舒展身心體操術	李玉瓊編譯	130 元
17. 三分鐘臉部體操	趙薇妮著	160 元
18. 生動的笑容表情術	趙薇妮著	160 元
19. 心曠神怡減肥法	川津祐介著	130 元
20. 內衣使妳更美麗	陳玄茹譯	130 元
21. 瑜伽美姿美容	黃靜香編著	180 元
22. 高雅女性裝扮學	陳珮玲譯	180 元
23. 蠶糞肌膚美顏法	坂梨秀子著	160 元
24. 認識妳的身體	李玉瓊譯	160 元
25. 產後恢復苗條體態	居理安・芙萊喬著	200 元
26. 正確護髮美容法	山崎伊久江著	180 元
27. 安琪拉美姿養生學	安琪拉蘭斯博瑞著	180 元
28. 女體性醫學剖析	增田豐著	220 元
29. 懷孕與生產剖析	岡部綾子著	180 元
30. 斷奶後的健康育兒	東城百合子著	220 元
31. 引出孩子幹勁的責罵藝術	多湖輝著	170 元
32. 培養孩子獨立的藝術	多湖輝著	170 元
33. 子宮肌瘤與卵巢囊腫	陳秀琳編著	180 元
34. 下半身減肥法	納他夏・史達賓著	180 元
35. 女性自然美容法	吳雅菁編著	180 元
36. 再也不發胖	池園悅太郎著	170 元

37. 生男生女控制術	中垣勝裕著	220 元
38. 使妳的肌膚更亮麗	楊　皓編著	170 元
39. 臉部輪廓變美	芝崎義夫著	180 元
40. 斑點、皺紋自己治療	高須克彌著	180 元
41. 面皰自己治療	伊藤雄康著	180 元
42. 隨心所欲瘦身冥想法	原久子著	180 元
43. 胎兒革命	鈴木丈織著	180 元
44. NS 磁氣平衡法塑造窈窕奇蹟	古屋和江著	180 元
45. 享瘦從腳開始	山田陽子著	180 元
46. 小改變瘦 4 公斤	宮本裕子著	180 元
47. 軟管減肥瘦身	高橋輝男著	180 元
48. 海藻精神秘美容法	劉名揚編著	180 元
49. 肌膚保養與脫毛	鈴木真理著	180 元
50. 10 天減肥 3 公斤	彤雲編輯組	180 元
51. 穿出自己的品味	西村玲子著	280 元

·青 春 天 地· 電腦編號 17

1. A 血型與星座	柯素娥編譯	160 元
2. B 血型與星座	柯素娥編譯	160 元
3. O 血型與星座	柯素娥編譯	160 元
4. AB 血型與星座	柯素娥編譯	120 元
5. 青春期性教室	呂貴嵐編譯	130 元
6. 事半功倍讀書法	王毅希編譯	150 元
7. 難解數學破題	宋釗宜編譯	130 元
9. 小論文寫作秘訣	林顯茂編譯	120 元
11. 中學生野外遊戲	熊谷康編著	120 元
12. 恐怖極短篇	柯素娥編譯	130 元
13. 恐怖夜話	小毛驢編譯	130 元
14. 恐怖幽默短篇	小毛驢編譯	120 元
15. 黑色幽默短篇	小毛驢編譯	120 元
16. 靈異怪談	小毛驢編譯	130 元
17. 錯覺遊戲	小毛驢編著	130 元
18. 整人遊戲	小毛驢編著	150 元
19. 有趣的超常識	柯素娥編譯	130 元
20. 哦！原來如此	林慶旺編譯	130 元
21. 趣味競賽 100 種	劉名揚編譯	120 元
22. 數學謎題入門	宋釗宜編譯	150 元
23. 數學謎題解析	宋釗宜編譯	150 元
24. 透視男女心理	林慶旺編譯	120 元
25. 少女情懷的自白	李桂蘭編譯	120 元
26. 由兄弟姊妹看命運	李玉瓊編譯	130 元
27. 趣味的科學魔術	林慶旺編譯	150 元
28. 趣味的心理實驗室	李燕玲編譯	150 元

29. 愛與性心理測驗	小毛驢編譯	130元
30. 刑案推理解謎	小毛驢編譯	180元
31. 偵探常識推理	小毛驢編譯	180元
32. 偵探常識解謎	小毛驢編譯	130元
33. 偵探推理遊戲	小毛驢編譯	130元
34. 趣味的超魔術	廖玉山編著	150元
35. 趣味的珍奇發明	柯素娥編著	150元
36. 登山用具與技巧	陳瑞菊編著	150元
37. 性的漫談	蘇燕謀編著	180元
38. 無的漫談	蘇燕謀編著	180元
39. 黑色漫談	蘇燕謀編著	180元
40. 白色漫談	蘇燕謀編著	180元

・健康天地・電腦編號 18

1. 壓力的預防與治療	柯素娥編譯	130元
2. 超科學氣的魔力	柯素娥編譯	130元
3. 尿療法治病的神奇	中尾良一著	130元
4. 鐵證如山的尿療法奇蹟	廖玉山譯	120元
5. 一日斷食健康法	葉慈容編譯	150元
6. 胃部強健法	陳炳崑譯	120元
7. 癌症早期檢查法	廖松濤譯	160元
8. 老人痴呆症防止法	柯素娥編譯	130元
9. 松葉汁健康飲料	陳麗芬編譯	130元
10. 揉肚臍健康法	永井秋夫著	150元
11. 過勞死、猝死的預防	卓秀貞編譯	130元
12. 高血壓治療與飲食	藤山順豐著	150元
13. 老人看護指南	柯素娥編譯	150元
14. 美容外科淺談	楊啟宏著	150元
15. 美容外科新境界	楊啟宏著	150元
16. 鹽是天然的醫生	西英司郎著	140元
17. 年輕十歲不是夢	梁瑞麟譯	200元
18. 茶料理治百病	桑野和民著	180元
19. 綠茶治病寶典	桑野和民著	150元
20. 杜仲茶養顏減肥法	西田博著	150元
21. 蜂膠驚人療效	瀨長良三郎著	180元
22. 蜂膠治百病	瀨長良三郎著	180元
23. 醫藥與生活㈠	鄭炳全著	180元
24. 鈣長生寶典	落合敏著	180元
25. 大蒜長生寶典	木下繁太郎著	160元
26. 居家自我健康檢查	石川恭三著	160元
27. 永恆的健康人生	李秀鈴譯	200元
28. 大豆卵磷脂長生寶典	劉雪卿譯	150元
29. 芳香療法	梁艾琳譯	160元

30. 醋長生寶典	柯素娥譯	180 元
31. 從星座透視健康	席拉・吉蒂斯著	180 元
32. 愉悅自在保健學	野本二士夫著	160 元
33. 裸睡健康法	丸山淳士等著	160 元
34. 糖尿病預防與治療	藤田順豐著	180 元
35. 維他命長生寶典	菅原明子著	180 元
36. 維他命 C 新效果	鐘文訓編	150 元
37. 手、腳病理按摩	堤芳朗著	160 元
38. AIDS 瞭解與預防	彼得塔歇爾著	180 元
39. 甲殼質殼聚糖健康法	沈永嘉譯	160 元
40. 神經痛預防與治療	木下真男著	160 元
41. 室內身體鍛鍊法	陳炳崑編著	160 元
42. 吃出健康藥膳	劉大器編著	180 元
43. 自我指壓術	蘇燕謀編著	160 元
44. 紅蘿蔔汁斷食療法	李玉瓊編著	150 元
45. 洗心術健康秘法	竺翠萍編譯	170 元
46. 枇杷葉健康療法	柯素娥編譯	180 元
47. 抗衰血癒	楊啟宏著	180 元
48. 與癌搏鬥記	逸見政孝著	180 元
49. 冬蟲夏草長生寶典	高橋義博著	170 元
50. 痔瘡・大腸疾病先端療法	宮島伸宜著	180 元
51. 膠布治癒頑固慢性病	加瀨建造著	180 元
52. 芝麻神奇健康法	小林貞作著	170 元
53. 香煙能防止癡呆?	高田明和著	180 元
54. 穀菜食治癌療法	佐藤成志著	180 元
55. 貼藥健康法	松原英多著	180 元
56. 克服癌症調和道呼吸法	帶津良一著	180 元
57. B 型肝炎預防與治療	野村喜重郎著	180 元
58. 青春永駐養生導引術	早島正雄著	180 元
59. 改變呼吸法創造健康	原久子著	180 元
60. 荷爾蒙平衡養生秘訣	出村博著	180 元
61. 水美肌健康法	井戶勝富著	170 元
62. 認識食物掌握健康	廖梅珠編著	170 元
63. 痛風劇痛消除法	鈴木吉彥著	180 元
64. 酸莖菌驚人療效	上田明彥著	180 元
65. 大豆卵磷脂治現代病	神津健一著	200 元
66. 時辰療法—危險時刻凌晨 4 時	呂建強等著	180 元
67. 自然治癒力提升法	帶津良一著	180 元
68. 巧妙的氣保健法	藤平墨子著	180 元
69. 治癒 C 型肝炎	熊田博光著	180 元
70. 肝臟病預防與治療	劉名揚編著	180 元
71. 腰痛平衡療法	荒井政信著	180 元
72. 根治多汗症、狐臭	稻葉益巳著	220 元
73. 40 歲以後的骨質疏鬆症	沈永嘉譯	180 元

74. 認識中藥	松下一成著	180 元
75. 認識氣的科學	佐佐木茂美著	180 元
76. 我戰勝了癌症	安田伸著	180 元
77. 斑點是身心的危險信號	中野進著	180 元
78. 艾波拉病毒大震撼	玉川重德著	180 元
79. 重新還我黑髮	桑名隆一郎著	180 元
80. 身體節律與健康	林博史著	180 元
81. 生薑治萬病	石原結實著	180 元
82. 靈芝治百病	陳瑞東著	180 元
83. 木炭驚人的威力	大槻彰著	200 元
84. 認識活性氧	井土貴司著	180 元
85. 深海鮫治百病	廖玉山編著	180 元
86. 神奇的蜂王乳	井上丹治著	180 元
87. 卡拉 OK 健腦法	東潔著	180 元
88. 卡拉 OK 健康法	福田伴男著	180 元
89. 醫藥與生活(二)	鄭炳全著	200 元
90. 洋蔥治百病	宮尾興平著	180 元
91. 年輕 10 歲快步健康法	石塚忠雄著	180 元
92. 石榴的驚人神效	岡本順子著	180 元
93. 飲料健康法	白鳥早奈英著	180 元
94. 健康棒體操	劉名揚編譯	180 元
95. 催眠健康法	蕭京凌編著	180 元
96. 鬱金（美王）治百病	水野修一著	180 元

・實用女性學講座・電腦編號 19

1. 解讀女性內心世界	島田一男著	150 元
2. 塑造成熟的女性	島田一男著	150 元
3. 女性整體裝扮學	黃靜香編著	180 元
4. 女性應對禮儀	黃靜香編著	180 元
5. 女性婚前必修	小野十傳著	200 元
6. 徹底瞭解女人	田口二州著	180 元
7. 拆穿女性謊言 88 招	島田一男著	200 元
8. 解讀女人心	島田一男著	200 元
9. 俘獲女性絕招	志賀貢著	200 元
10. 愛情的壓力解套	中村理英子著	200 元
11. 妳是人見人愛的女孩	廖松濤編著	200 元

・校園系列・電腦編號 20

1. 讀書集中術	多湖輝著	150 元
2. 應考的訣竅	多湖輝著	150 元
3. 輕鬆讀書贏得聯考	多湖輝著	150 元

4. 讀書記憶秘訣	多湖輝著	150 元
5. 視力恢復！超速讀術	江錦雲譯	180 元
6. 讀書 36 計	黃柏松編著	180 元
7. 驚人的速讀術	鐘文訓編著	170 元
8. 學生課業輔導良方	多湖輝著	180 元
9. 超速讀超記憶法	廖松濤編著	180 元
10. 速算解題技巧	宋釗宜編著	200 元
11. 看圖學英文	陳炳崑編著	200 元
12. 讓孩子最喜歡數學	沈永嘉譯	180 元
13. 催眠記憶術	林碧清譯	180 元
14. 催眠速讀術	林碧清譯	180 元

・實用心理學講座・電腦編號 21

1. 拆穿欺騙伎倆	多湖輝著	140 元
2. 創造好構想	多湖輝著	140 元
3. 面對面心理術	多湖輝著	160 元
4. 偽裝心理術	多湖輝著	140 元
5. 透視人性弱點	多湖輝著	140 元
6. 自我表現術	多湖輝著	180 元
7. 不可思議的人性心理	多湖輝著	180 元
8. 催眠術入門	多湖輝著	150 元
9. 責罵部屬的藝術	多湖輝著	150 元
10. 精神力	多湖輝著	150 元
11. 厚黑說服術	多湖輝著	150 元
12. 集中力	多湖輝著	150 元
13. 構想力	多湖輝著	150 元
14. 深層心理術	多湖輝著	160 元
15. 深層語言術	多湖輝著	160 元
16. 深層說服術	多湖輝著	180 元
17. 掌握潛在心理	多湖輝著	160 元
18. 洞悉心理陷阱	多湖輝著	180 元
19. 解讀金錢心理	多湖輝著	180 元
20. 拆穿語言圈套	多湖輝著	180 元
21. 語言的內心玄機	多湖輝著	180 元
22. 積極力	多湖輝著	180 元

・超現實心理講座・電腦編號 22

1. 超意識覺醒法	詹蔚芬編譯	130 元
2. 護摩秘法與人生	劉名揚編譯	130 元
3. 秘法！超級仙術入門	陸明譯	150 元
4. 給地球人的訊息	柯素娥編著	150 元

5. 密教的神通力 劉名揚編著 130元
6. 神秘奇妙的世界 平川陽一著 200元
7. 地球文明的超革命 吳秋嬌譯 200元
8. 力量石的秘密 吳秋嬌譯 180元
9. 超能力的靈異世界 馬小莉譯 200元
10. 逃離地球毀滅的命運 吳秋嬌譯 200元
11. 宇宙與地球終結之謎 南山宏著 200元
12. 驚世奇功揭秘 傅起鳳著 200元
13. 啟發身心潛力心象訓練法 栗田昌裕著 180元
14. 仙道術遁甲法 高藤聰一郎著 220元
15. 神通力的秘密 中岡俊哉著 180元
16. 仙人成仙術 高藤聰一郎著 200元
17. 仙道符咒氣功法 高藤聰一郎著 220元
18. 仙道風水術尋龍法 高藤聰一郎著 200元
19. 仙道奇蹟超幻像 高藤聰一郎著 200元
20. 仙道鍊金術房中法 高藤聰一郎著 200元
21. 奇蹟超醫療治癒難病 深野一幸著 220元
22. 揭開月球的神秘力量 超科學研究會 180元
23. 西藏密教奧義 高藤聰一郎著 250元
24. 改變你的夢術入門 高藤聰一郎著 250元
25. 21世紀拯救地球超技術 深野一幸著 250元

·養生保健· 電腦編號23

1. 醫療養生氣功 黃孝寬著 250元
2. 中國氣功圖譜 余功保著 230元
3. 少林醫療氣功精粹 井玉蘭著 250元
4. 龍形實用氣功 吳大才等著 220元
5. 魚戲增視強身氣功 宮 嬰著 220元
6. 嚴新氣功 前新培金著 250元
7. 道家玄牝氣功 張 章著 200元
8. 仙家秘傳袪病功 李遠國著 160元
9. 少林十大健身功 秦慶豐著 180元
10. 中國自控氣功 張明武著 250元
11. 醫療防癌氣功 黃孝寬著 250元
12. 醫療強身氣功 黃孝寬著 250元
13. 醫療點穴氣功 黃孝寬著 250元
14. 中國八卦如意功 趙維漢著 180元
15. 正宗馬禮堂養氣功 馬禮堂著 420元
16. 秘傳道家筋經內丹功 王慶餘著 280元
17. 三元開慧功 辛桂林著 250元
18. 防癌治癌新氣功 郭 林著 180元
19. 禪定與佛家氣功修煉 劉天君著 200元
20. 顛倒之術 梅自強著 360元

21. 簡明氣功辭典	吳家駿編	360 元
22. 八卦三合功	張全亮著	230 元
23. 朱砂掌健身養生功	楊永著	250 元
24. 抗老功	陳九鶴著	230 元
25. 意氣按穴排濁自療法	黃啟運編著	250 元
26. 陳式太極拳養生功	陳正雷著	200 元
27. 健身祛病小功法	王培生著	200 元
28. 張式太極混元功	張春銘著	250 元

・社會人智囊・電腦編號 24

1. 糾紛談判術	清水增三著	160 元
2. 創造關鍵術	淺野八郎著	150 元
3. 觀人術	淺野八郎著	180 元
4. 應急詭辯術	廖英迪編著	160 元
5. 天才家學習術	木原武一著	160 元
6. 貓型狗式鑑人術	淺野八郎著	180 元
7. 逆轉運掌握術	淺野八郎著	180 元
8. 人際圓融術	澀谷昌三著	160 元
9. 解讀人心術	淺野八郎著	180 元
10. 與上司水乳交融術	秋元隆司著	180 元
11. 男女心態定律	小田晉著	180 元
12. 幽默說話術	林振輝編著	200 元
13. 人能信賴幾分	淺野八郎著	180 元
14. 我一定能成功	李玉瓊譯	180 元
15. 獻給青年的嘉言	陳蒼杰譯	180 元
16. 知人、知面、知其心	林振輝編著	180 元
17. 塑造堅強的個性	坂上肇著	180 元
18. 為自己而活	佐藤綾子著	180 元
19. 未來十年與愉快生活有約	船井幸雄著	180 元
20. 超級銷售話術	杜秀卿譯	180 元
21. 感性培育術	黃靜香編著	180 元
22. 公司新鮮人的禮儀規範	蔡媛惠譯	180 元
23. 傑出職員鍛鍊術	佐佐木正著	180 元
24. 面談獲勝戰略	李芳黛譯	180 元
25. 金玉良言撼人心	森純大著	180 元
26. 男女幽默趣典	劉華亭編著	180 元
27. 機智說話術	劉華亭編著	180 元
28. 心理諮商室	柯素娥譯	180 元
29. 如何在公司崢嶸頭角	佐佐木正著	180 元
30. 機智應對術	李玉瓊編著	200 元
31. 克服低潮良方	坂野雄二著	180 元
32. 智慧型說話技巧	沈永嘉編著	180 元
33. 記憶力、集中力增進術	廖松濤編著	180 元

34. 女職員培育術	林慶旺編著	180 元
35. 自我介紹與社交禮儀	柯素娥編著	180 元
36. 積極生活創幸福	田中真澄著	180 元
37. 妙點子超構想	多湖輝著	180 元
38. 說 NO 的技巧	廖玉山編著	180 元
39. 一流說服力	李玉瓊編著	180 元
40. 般若心經成功哲學	陳鴻蘭編著	180 元
41. 訪問推銷術	黃靜香編著	180 元
42. 男性成功秘訣	陳蒼杰編著	180 元
43. 笑容、人際智商	宮川澄子著	180 元
44. 多湖輝的構想工作室	多湖輝著	200 元
45. 名人名語啟示錄	喬家楓著	180 元
46. 口才必勝術	黃柏松編著	220 元
47. 能言善道的說話術	章智冠編著	180 元

·精選系列·電腦編號 25

1. 毛澤東與鄧小平	渡邊利夫等著	280 元
2. 中國大崩裂	江戶介雄著	180 元
3. 台灣·亞洲奇蹟	上村幸治著	220 元
4. 7-ELEVEN 高盈收策略	國友隆一著	180 元
5. 台灣獨立（新·中國日本戰爭一）	森詠著	200 元
6. 迷失中國的末路	江戶雄介著	220 元
7. 2000 年 5 月全世界毀滅	紫藤甲子男著	180 元
8. 失去鄧小平的中國	小島朋之著	220 元
9. 世界史爭議性異人傳	桐生操著	200 元
10. 淨化心靈享人生	松濤弘道著	220 元
11. 人生心情診斷	賴藤和寬著	220 元
12. 中美大決戰	檜山良昭著	220 元
13. 黃昏帝國美國	莊雯琳譯	220 元
14. 兩岸衝突（新·中國日本戰爭二）	森詠著	220 元
15. 封鎖台灣（新·中國日本戰爭三）	森詠著	220 元
16. 中國分裂（新·中國日本戰爭四）	森詠著	220 元
17. 由女變男的我	虎井正衛著	200 元
18. 佛學的安心立命	松濤弘道著	220 元
19. 世界喪禮大觀	松濤弘道著	280 元

·運動遊戲·電腦編號 26

1. 雙人運動	李玉瓊譯	160 元
2. 愉快的跳繩運動	廖玉山譯	180 元
3. 運動會項目精選	王佑京譯	150 元
4. 肋木運動	廖玉山譯	150 元

5. 測力運動	王佑宗譯	150元
6. 游泳入門	唐桂萍編著	200元

·休閒娛樂·電腦編號 27

1. 海水魚飼養法	田中智浩著	300元
2. 金魚飼養法	曾雪玫譯	250元
3. 熱門海水魚	毛利匡明著	480元
4. 愛犬的教養與訓練	池田好雄著	250元
5. 狗教養與疾病	杉浦哲著	220元
6. 小動物養育技巧	三上昇著	300元
7. 水草選擇、培育、消遣	安齊裕司著	300元
20. 園藝植物管理	船越亮二著	220元
40. 撲克牌遊戲與贏牌秘訣	林振輝編著	180元
41. 撲克牌魔術、算命、遊戲	林振輝編著	180元
42. 撲克占卜入門	王家成編著	180元
50. 兩性幽默	幽默選集編輯組	180元
51. 異色幽默	幽默選集編輯組	180元

·銀髮族智慧學·電腦編號 28

1. 銀髮六十樂逍遙	多湖輝著	170元
2. 人生六十反年輕	多湖輝著	170元
3. 六十歲的決斷	多湖輝著	170元
4. 銀髮族健身指南	孫瑞台編著	250元
5. 退休後的夫妻健康生活	施聖茹譯	200元

·飲食保健·電腦編號 29

1. 自己製作健康茶	大海淳著	220元
2. 好吃、具藥效茶料理	德永睦子著	220元
3. 改善慢性病健康藥草茶	吳秋嬌譯	200元
4. 藥酒與健康果菜汁	成玉編著	250元
5. 家庭保健養生湯	馬汴梁編著	220元
6. 降低膽固醇的飲食	早川和志著	200元
7. 女性癌症的飲食	女子營養大學	280元
8. 痛風者的飲食	女子營養大學	280元
9. 貧血者的飲食	女子營養大學	280元
10. 高脂血症者的飲食	女子營養大學	280元
11. 男性癌症的飲食	女子營養大學	280元
12. 過敏者的飲食	女子營養大學	280元
13. 心臟病的飲食	女子營養大學	280元
14. 滋陰壯陽的飲食	王增著	220元

15. 胃、十二指腸潰瘍的飲食　勝健一等著　280 元
16. 肥胖者的飲食　雨宮禎子等著　280 元

・家庭醫學保健・電腦編號 30

1. 女性醫學大全　雨森良彥著　380 元
2. 初為人父育兒寶典　小瀧周曹著　220 元
3. 性活力強健法　相建華著　220 元
4. 30 歲以上的懷孕與生產　李芳黛編著　220 元
5. 舒適的女性更年期　野末悅子著　200 元
6. 夫妻前戲的技巧　笠井寬司著　200 元
7. 病理足穴按摩　金慧明著　220 元
8. 爸爸的更年期　河野孝旺著　200 元
9. 橡皮帶健康法　山田晶著　180 元
10. 三十三天健美減肥　相建華等著　180 元
11. 男性健美入門　孫玉祿編著　180 元
12. 強化肝臟秘訣　主婦の友社編　200 元
13. 了解藥物副作用　張果馨譯　200 元
14. 女性醫學小百科　松山榮吉著　200 元
15. 左轉健康法　龜田修等著　200 元
16. 實用天然藥物　鄭炳全編著　260 元
17. 神秘無痛平衡療法　林宗駛著　180 元
18. 膝蓋健康法　張果馨譯　180 元
19. 針灸治百病　葛書翰著　250 元
20. 異位性皮膚炎治癒法　吳秋嬌譯　220 元
21. 禿髮白髮預防與治療　陳炳崑編著　180 元
22. 埃及皇宮菜健康法　飯森薰著　200 元
23. 肝臟病安心治療　上野幸久著　220 元
24. 耳穴治百病　陳抗美等著　250 元
25. 高效果指壓法　五十嵐康彥著　200 元
26. 瘦水、胖水　鈴木園子著　200 元
27. 手針新療法　朱振華著　200 元
28. 香港腳預防與治療　劉小惠譯　250 元
29. 智慧飲食吃出健康　柯富陽編著　200 元
30. 牙齒保健法　廖玉山編著　200 元
31. 恢復元氣養生食　張果馨譯　200 元
32. 特效推拿按摩術　李玉田著　200 元
33. 一週一次健康法　若狹真著　200 元
34. 家常科學膳食　大塚滋著　220 元
35. 夫妻們關心的男性不孕　原利夫著　220 元
36. 自我瘦身美容　馬野詠子著　200 元
37. 魔法姿勢益健康　五十嵐康彥著　200 元
38. 眼病錘療法　馬栩周著　200 元
39. 預防骨質疏鬆症　藤田拓男著　200 元

40. 骨質增生效驗方	李吉茂編著	250 元
41. 韮菜健康法	小林正夫著	200 元
42. 赧於啟齒的男性煩惱	增田豐著	220 元
43. 簡易自我健康檢查	稻葉允著	250 元
44. 實用花草健康法	友田純子著	200 元
45. 神奇的手掌療法	日比野喬著	230 元
46. 家庭式三大穴道療法	刑部忠和著	200 元
47. 子宮癌、卵巢癌	岡島弘幸著	220 元
48. 糖尿病機能性食品	劉雪卿編著	220 元
49. 奇蹟活現經脈美容法	林振輝編譯	200 元
50. Super SEX	秋好憲一著	220 元
51. 了解避孕丸	林玉佩譯	200 元
52. 有趣的遺傳學	蕭京凌編著	200 元
53. 強身健腦手指運動	羅群等著	250 元

・超經營新智慧・電腦編號 31

1. 躍動的國家越南	林雅倩譯	250 元
2. 甦醒的小龍菲律賓	林雅倩譯	220 元
3. 中國的危機與商機	中江要介著	250 元
4. 在印度的成功智慧	山內利男著	220 元
5. 7-ELEVEN 大革命	村上豐道著	200 元
6. 業務員成功秘方	呂育清編著	200 元
7. 在亞洲成功的智慧	鈴木讓二著	220 元

・親子系列・電腦編號 32

1. 如何使孩子出人頭地	多湖輝著	200 元
2. 心靈啟蒙教育	多湖輝著	280 元

・雅致系列・電腦編號 33

1. 健康食譜春冬篇	丸元淑生著	200 元
2. 健康食譜夏秋篇	丸元淑生著	200 元
3. 純正家庭料理	陳建民等著	200 元
4. 家庭四川菜	陳建民著	200 元
5. 醫食同源健康美食	郭長聚著	200 元
6. 家族健康食譜	東畑朝子著	200 元

・美術系列・電腦編號 34

1. 可愛插畫集	鉛筆等著	220 元
2. 人物插畫集	鉛筆等著	元

・心靈雅集・電腦編號 00

1. 禪言佛語看人生	松濤弘道著	180 元
2. 禪密教的奧秘	葉逯謙譯	120 元
3. 觀音大法力	田口日勝著	120 元
4. 觀音法力的大功德	田口日勝著	120 元
5. 達摩禪 106 智慧	劉華亭編譯	220 元
6. 有趣的佛教研究	葉逯謙編譯	170 元
7. 夢的開運法	蕭京凌譯	130 元
8. 禪學智慧	柯素娥編譯	130 元
9. 女性佛教入門	許俐萍譯	110 元
10. 佛像小百科	心靈雅集編譯組	130 元
11. 佛教小百科趣談	心靈雅集編譯組	120 元
12. 佛教小百科漫談	心靈雅集編譯組	150 元
13. 佛教知識小百科	心靈雅集編譯組	150 元
14. 佛學名言智慧	松濤弘道著	220 元
15. 釋迦名言智慧	松濤弘道著	220 元
16. 活人禪	平田精耕著	120 元
17. 坐禪入門	柯素娥編譯	150 元
18. 現代禪悟	柯素娥編譯	130 元
19. 道元禪師語錄	心靈雅集編譯組	130 元
20. 佛學經典指南	心靈雅集編譯組	130 元
21. 何謂「生」阿含經	心靈雅集編譯組	150 元
22. 一切皆空　般若心經	心靈雅集編譯組	180 元
23. 超越迷惘　法句經	心靈雅集編譯組	130 元
24. 開拓宇宙觀　華嚴經	心靈雅集編譯組	180 元
25. 真實之道　法華經	心靈雅集編譯組	130 元
26. 自由自在　涅槃經	心靈雅集編譯組	130 元
27. 沈默的教示　維摩經	心靈雅集編譯組	150 元
28. 開通心眼　佛語佛戒	心靈雅集編譯組	130 元
29. 揭秘寶庫　密教經典	心靈雅集編譯組	180 元
30. 坐禪與養生	廖松濤譯	110 元
31. 釋尊十戒	柯素娥編譯	120 元
32. 佛法與神通	劉欣如編著	120 元
33. 悟（正法眼藏的世界）	柯素娥編譯	120 元
34. 只管打坐	劉欣如編著	120 元
35. 喬答摩・佛陀傳	劉欣如編著	120 元
36. 唐玄奘留學記	劉欣如編著	120 元
37. 佛教的人生觀	劉欣如編譯	110 元
38. 無門關(上卷)	心靈雅集編譯組	150 元
39. 無門關(下卷)	心靈雅集編譯組	150 元
40. 業的思想	劉欣如編著	130 元
41. 佛法難學嗎	劉欣如著	140 元

42. 佛法實用嗎	劉欣如著	140元
43. 佛法殊勝嗎	劉欣如著	140元
44. 因果報應法則	李常傳編	180元
45. 佛教醫學的奧秘	劉欣如編著	150元
46. 紅塵絕唱	海　若著	130元
47. 佛教生活風情	洪丕謨、姜玉珍著	220元
48. 行住坐臥有佛法	劉欣如著	160元
49. 起心動念是佛法	劉欣如著	160元
50. 四字禪語	曹洞宗青年會	200元
51. 妙法蓮華經	劉欣如編著	160元
52. 根本佛教與大乘佛教	葉作森編	180元
53. 大乘佛經	定方晟著	180元
54. 須彌山與極樂世界	定方晟著	180元
55. 阿闍世的悟道	定方晟著	180元
56. 金剛經的生活智慧	劉欣如著	180元
57. 佛教與儒教	劉欣如編譯	180元
58. 佛教史入門	劉欣如編譯	180元
59. 印度佛教思想史	劉欣如編譯	200元
60. 佛教與女姓	劉欣如編譯	180元
61. 禪與人生	洪丕謨主編	260元

・經 營 管 理・電腦編號 01

◎ 創新經營管理六十六大計(精)	蔡弘文編	780元
1. 如何獲取生意情報	蘇燕謀譯	110元
2. 經濟常識問答	蘇燕謀譯	130元
4. 台灣商戰風雲錄	陳中雄著	120元
5. 推銷大王秘錄	原一平著	180元
6. 新創意・賺大錢	王家成譯	90元
7. 工廠管理新手法	琪　輝著	120元
10. 美國實業 24 小時	柯順隆譯	80元
11. 撼動人心的推銷法	原一平著	150元
12. 高竿經營法	蔡弘文編	120元
13. 如何掌握顧客	柯順隆譯	150元
17. 一流的管理	蔡弘文編	150元
18. 外國人看中韓經濟	劉華亭譯	150元
20. 突破商場人際學	林振輝編著	90元
22. 如何使女人打開錢包	林振輝編著	100元
24. 小公司經營策略	王嘉誠著	160元
25. 成功的會議技巧	鐘文訓編譯	100元
26. 新時代老闆學	黃柏松編著	100元
27. 如何創造商場智囊團	林振輝編譯	150元
28. 十分鐘推銷術	林振輝編譯	180元
29. 五分鐘育才	黃柏松編譯	100元

33. 自我經濟學	廖松濤編譯	100元
34. 一流的經營	陶田生編著	120元
35. 女性職員管理術	王昭國編譯	120元
36. ＩＢＭ的人事管理	鐘文訓編譯	150元
37. 現代電腦常識	王昭國編譯	150元
38. 電腦管理的危機	鐘文訓編譯	120元
39. 如何發揮廣告效果	王昭國編譯	150元
40. 最新管理技巧	王昭國編譯	150元
41. 一流推銷術	廖松濤編譯	150元
42. 包裝與促銷技巧	王昭國編譯	130元
43. 企業王國指揮塔	松下幸之助著	120元
44. 企業精銳兵團	松下幸之助著	120元
45. 企業人事管理	松下幸之助著	100元
46. 華僑經商致富術	廖松濤編譯	130元
47. 豐田式銷售技巧	廖松濤編譯	180元
48. 如何掌握銷售技巧	王昭國編著	130元
50. 洞燭機先的經營	鐘文訓編譯	150元
52. 新世紀的服務業	鐘文訓編譯	100元
53. 成功的領導者	廖松濤編譯	120元
54. 女推銷員成功術	李玉瓊編譯	130元
55. ＩＢＭ人才培育術	鐘文訓編譯	100元
56. 企業人自我突破法	黃琪輝編著	150元
58. 財富開發術	蔡弘文編著	130元
59. 成功的店舖設計	鐘文訓編著	150元
61. 企管回春法	蔡弘文編著	130元
62. 小企業經營指南	鐘文訓編譯	100元
63. 商場致勝名言	鐘文訓編譯	150元
64. 迎接商業新時代	廖松濤編譯	100元
66. 新手股票投資入門	何朝乾編著	200元
67. 上揚股與下跌股	何朝乾編譯	180元
68. 股票速成學	何朝乾編譯	200元
69. 理財與股票投資策略	黃俊豪編著	180元
70. 黃金投資策略	黃俊豪編著	180元
71. 厚黑管理學	廖松濤編譯	180元
72. 股市致勝格言	呂梅莎編譯	180元
73. 透視西武集團	林谷燁編譯	150元
76. 巡迴行銷術	陳蒼杰譯	150元
77. 推銷的魔術	王嘉誠譯	120元
78. 60 秒指導部屬	周蓮芬編譯	150元
79. 精銳女推銷員特訓	李玉瓊編譯	130元
80. 企劃、提案、報告圖表的技巧	鄭汶譯	180元
81. 海外不動產投資	許達守編譯	150元
82. 八百伴的世界策略	李玉瓊譯	150元
83. 服務業品質管理	吳宜芬譯	180元

84. 零庫存銷售	黃東謙編譯	150元
85. 三分鐘推銷管理	劉名揚編譯	150元
86. 推銷大王奮鬥史	原一平著	150元
87. 豐田汽車的生產管理	林谷燁編譯	150元

·成 功 寶 庫· 電腦編號02

1. 上班族交際術	江森滋著	100元
2. 拍馬屁訣竅	廖玉山編譯	110元
4. 聽話的藝術	歐陽輝編譯	110元
9. 求職轉業成功術	陳義編著	110元
10. 上班族禮儀	廖玉山編著	120元
11. 接近心理學	李玉瓊編著	100元
12. 創造自信的新人生	廖松濤編著	120元
15. 神奇瞬間瞑想法	廖松濤編譯	100元
16. 人生成功之鑰	楊意苓編著	150元
19. 給企業人的諍言	鐘文訓編著	120元
20. 企業家自律訓練法	陳義編譯	100元
21. 上班族妖怪學	廖松濤編著	100元
22. 猶太人縱橫世界的奇蹟	孟佑政編著	110元
25. 你是上班族中強者	嚴思圖編著	100元
30. 成功頓悟 100 則	蕭京凌編譯	130元
32. 知性幽默	李玉瓊編譯	130元
33. 熟記對方絕招	黃靜香編譯	100元
37. 察言觀色的技巧	劉華亭編著	180元
38. 一流領導力	施義彥編譯	120元
40. 30 秒鐘推銷術	廖松濤編譯	150元
42. 尖端時代行銷策略	陳蒼杰編著	100元
43. 顧客管理學	廖松濤編著	100元
44. 如何使對方說 Yes	程羲編著	150元
47. 上班族口才學	楊鴻儒譯	120元
48. 上班族新鮮人須知	程羲編著	120元
49. 如何左右逢源	程羲編著	130元
50. 語言的心理戰	多湖輝著	130元
55. 性惡企業管理學	陳蒼杰譯	130元
56. 自我啟發 200 招	楊鴻儒編著	150元
57. 做個傑出女職員	劉名揚編著	130元
58. 靈活的集團營運術	楊鴻儒編著	120元
60. 個案研究活用法	楊鴻儒編著	130元
61. 企業教育訓練遊戲	楊鴻儒編著	120元
62. 管理者的智慧	程義編譯	130元
63. 做個佼佼管理者	馬筱莉編譯	130元
67. 活用禪學於企業	柯素娥編譯	130元
69. 幽默詭辯術	廖玉山編譯	150元

70. 拿破崙智慧箴言	柯素娥編譯	130 元
71. 自我培育・超越	蕭京凌編譯	150 元
74. 時間即一切	沈永嘉編譯	130 元
75. 自我脫胎換骨	柯素娥譯	150 元
76. 贏在起跑點 人才培育鐵則	楊鴻儒編譯	150 元
77. 做一枚活棋	李玉瓊編譯	130 元
78. 面試成功戰略	柯素娥編譯	130 元
81. 瞬間攻破心防法	廖玉山編譯	120 元
82. 改變一生的名言	李玉瓊編譯	130 元
83. 性格性向創前程	楊鴻儒編譯	130 元
84. 訪問行銷新竅門	廖玉山編譯	150 元
85. 無所不達的推銷話術	李玉瓊編譯	150 元

・處 世 智 慧・電腦編號 03

1. 如何改變你自己	陸明編譯	120 元
6. 靈感成功術	譚繼山編譯	80 元
8. 扭轉一生的五分鐘	黃柏松編譯	100 元
10. 現代人的詭計	林振輝譯	100 元
14. 女性的智慧	譚繼山編譯	90 元
16. 人生的體驗	陸明編譯	80 元
18. 幽默吹牛術	金子登著	90 元
24. 慧心良言	亦奇著	80 元
25. 名家慧語	蔡逸鴻主編	90 元
28. 如何發揮你的潛能	陸明編譯	90 元
29. 女人身態語言學	李常傳譯	130 元
30. 摸透女人心	張文志譯	90 元
32. 給女人的悄悄話	妮倩編譯	90 元
36. 成功的捷徑	鐘文訓譯	70 元
37. 幽默逗笑術	林振輝著	120 元
38. 活用血型讀書法	陳炳崑譯	80 元
39. 心 燈	葉于模著	100 元
41. 心・體・命運	蘇燕謀譯	70 元
43. 宮本武藏五輪書金言錄	宮本武藏著	100 元
47. 成熟的愛	林振輝譯	120 元
48. 現代女性駕馭術	蔡德華著	90 元
49. 禁忌遊戲	酒井潔著	90 元
53. 如何達成願望	謝世輝著	90 元
54. 創造奇蹟的「想念法」	謝世輝著	90 元
55. 創造成功奇蹟	謝世輝著	90 元
57. 幻想與成功	廖松濤譯	80 元
58. 反派角色的啟示	廖松濤編譯	70 元
59. 現代女性須知	劉華亭編著	75 元
62. 如何突破內向	姜倩怡編譯	110 元

64. 讀心術入門	王家成編譯	100元
65. 如何解除內心壓力	林美羽編著	110元
66. 取信於人的技巧	多湖輝著	110元
68. 自我能力的開拓	卓一凡編著	110元
70. 縱橫交涉術	嚴思圖編著	90元
71. 如何培養妳的魅力	劉文珊編著	90元
75. 個性膽怯者的成功術	廖松濤編譯	100元
76. 人性的光輝	文可式編著	90元
79. 培養靈敏頭腦秘訣	廖玉山編著	90元
80. 夜晚心理術	鄭秀美編譯	80元
81. 如何做個成熟的女性	李玉瓊編著	80元
82. 現代女性成功術	劉文珊編著	90元
83. 成功說話技巧	梁惠珠編譯	100元
84. 人生的真諦	鐘文訓編譯	100元
87. 指尖・頭腦體操	蕭京凌編譯	90元
88. 電話應對禮儀	蕭京凌編著	120元
89. 自我表現的威力	廖松濤編譯	100元
91. 男與女的哲思	程鐘梅編譯	110元
92. 靈思慧語	牧風著	110元
93. 心靈夜語	牧風著	100元
94. 激盪腦力訓練	廖松濤編譯	100元
95. 三分鐘頭腦活性法	廖玉山編譯	110元
96. 星期一的智慧	廖玉山編譯	100元
97. 溝通說服術	賴文琇編譯	100元

・健康與美容・電腦編號04

3. 媚酒傳(中國王朝秘酒)	陸明主編	120元
5. 中國回春健康術	蔡一藩著	100元
6. 奇蹟的斷食療法	蘇燕謀譯	130元
8. 健美食物法	陳炳崑譯	120元
9. 驚異的漢方療法	唐龍編著	90元
10. 不老強精食	唐龍編著	100元
12. 五分鐘跳繩健身法	蘇明達譯	100元
13. 睡眠健康法	王家成譯	80元
14. 你就是名醫	張芳明譯	90元
19. 釋迦長壽健康法	譚繼山譯	90元
20. 腳部按摩健康法	譚繼山譯	120元
21. 自律健康法	蘇明達譯	90元
23. 身心保健座右銘	張仁福著	160元
24. 腦中風家庭看護與運動治療	林振輝譯	100元
25. 秘傳醫學人相術	成玉主編	120元
26. 導引術入門(1)治療慢性病	成玉主編	110元
27. 導引術入門(2)健康・美容	成玉主編	110元

28. 導引術入門(3)身心健康法	成玉主編	110 元
29. 妙用靈藥・蘆薈	李常傳譯	150 元
30. 萬病回春百科	吳通華著	150 元
31. 初次懷孕的 10 個月	成玉編譯	130 元
32. 中國秘傳氣功治百病	陳炳崑編譯	130 元
35. 仙人長生不老學	陸明編譯	100 元
36. 釋迦秘傳米粒刺激法	鐘文訓譯	120 元
37. 痔・治療與預防	陸明編譯	130 元
38. 自我防身絕技	陳炳崑編譯	120 元
39. 運動不足時疲勞消除法	廖松濤譯	110 元
40. 三溫暖健康法	鐘文訓編譯	90 元
43. 維他命與健康	鐘文訓譯	150 元
45. 森林浴—綠的健康法	劉華亭編譯	80 元
47. 導引術入門(4)酒浴健康法	成玉主編	90 元
48. 導引術入門(5)不老回春法	成玉主編	90 元
49. 山白竹（劍竹）健康法	鐘文訓譯	90 元
50. 解救你的心臟	鐘文訓編譯	100 元
52. 超人氣功法	陸明編譯	110 元
54. 借力的奇蹟(1)	力拔山著	100 元
55. 借力的奇蹟(2)	力拔山著	100 元
56. 五分鐘小睡健康法	呂添發撰	120 元
59. 艾草健康法	張汝明編譯	90 元
60. 一分鐘健康診斷	蕭京凌編譯	90 元
61. 念術入門	黃靜香編譯	90 元
62. 念術健康法	黃靜香編譯	90 元
63. 健身回春法	梁惠珠編譯	100 元
64. 姿勢養生法	黃秀娟編譯	90 元
65. 仙人瞑想法	鐘文訓譯	120 元
66. 人蔘的神效	林慶旺譯	100 元
67. 奇穴治百病	吳通華著	120 元
68. 中國傳統健康法	靳海東著	100 元
71. 酵素健康法	楊皓編譯	120 元
73. 腰痛預防與治療	五味雅吉著	130 元
74. 如何預防心臟病・腦中風	譚定長等著	100 元
75. 少女的生理秘密	蕭京凌譯	120 元
76. 頭部按摩與針灸	楊鴻儒譯	100 元
77. 雙極療術入門	林聖道著	100 元
78. 氣功自療法	梁景蓮著	120 元
79. 大蒜健康法	李玉瓊編譯	120 元
81. 健胸美容秘訣	黃靜香譯	120 元
82. 鍺奇蹟療效	林宏儒譯	120 元
83. 三分鐘健身運動	廖玉山譯	120 元
84. 尿療法的奇蹟	廖玉山譯	120 元
85. 神奇的聚積療法	廖玉山譯	120 元

86. 預防運動傷害伸展體操	楊鴻儒編譯	120 元
88. 五日就能改變你	柯素娥譯	110 元
89. 三分鐘氣功健康法	陳美華譯	120 元
91. 道家氣功術	早島正雄著	130 元
92. 氣功減肥術	早島正雄著	120 元
93. 超能力氣功法	柯素娥譯	130 元
94. 氣的瞑想法	早島正雄著	120 元

・家　庭／生　活・電腦編號 05

1. 單身女郎生活經驗談	廖玉山編著	100 元
2. 血型・人際關係	黃靜編著	120 元
3. 血型・妻子	黃靜編著	110 元
4. 血型・丈夫	廖玉山編譯	130 元
5. 血型・升學考試	沈永嘉編譯	120 元
6. 血型・臉型・愛情	鐘文訓編譯	120 元
7. 現代社交須知	廖松濤編譯	100 元
8. 簡易家庭按摩	鐘文訓編譯	150 元
9. 圖解家庭看護	廖玉山編譯	120 元
10. 生男育女隨心所欲	岡正基編著	160 元
11. 家庭急救治療法	鐘文訓編著	100 元
12. 新孕婦體操	林曉鐘譯	120 元
13. 從食物改變個性	廖玉山編譯	100 元
14. 藥草的自然療法	東城百合子著	200 元
15. 糙米菜食與健康料理	東城百合子著	180 元
16. 現代人的婚姻危機	黃靜編著	90 元
17. 親子遊戲　0 歲	林慶旺編譯	100 元
18. 親子遊戲　1～2 歲	林慶旺編譯	110 元
19. 親子遊戲　3 歲	林慶旺編譯	100 元
20. 女性醫學新知	林曉鐘編譯	180 元
21. 媽媽與嬰兒	張汝明編譯	180 元
22. 生活智慧百科	黃靜編譯	100 元
23. 手相・健康・你	林曉鐘編譯	120 元
24. 菜食與健康	張汝明編譯	110 元
25. 家庭素食料理	陳東達著	140 元
26. 性能力活用秘法	米開・尼里著	150 元
27. 兩性之間	林慶旺編譯	120 元
28. 性感經穴健康法	蕭京凌編譯	150 元
29. 幼兒推拿健康法	蕭京凌編譯	100 元
30. 談中國料理	丁秀山編著	100 元
31. 舌技入門	增田豐著	160 元
32. 預防癌症的飲食法	黃靜香編譯	150 元
33. 性與健康寶典	黃靜香編譯	180 元
34. 正確避孕法	蕭京凌編譯	180 元

35. 吃的更漂亮美容食譜 楊萬里著 120元
36. 圖解交際舞速成 鐘文訓編譯 150元
37. 觀相導引術 沈永嘉譯 130元
38. 初為人母12個月 陳義譯 200元
39. 圖解麻將入門 顧安行編譯 180元
40. 麻將必勝秘訣 石利夫編譯 180元
41. 女性一生與漢方 蕭京凌編譯 100元
42. 家電的使用與修護 鐘文訓編譯 160元
43. 錯誤的家庭醫療法 鐘文訓編譯 100元
44. 簡易防身術 陳慧珍編譯 150元
45. 茶健康法 鐘文訓編譯 130元
46. 雞尾酒大全 劉雪卿譯 180元
47. 生活的藝術 沈永嘉編著 120元
48. 雜草雜果健康法 沈永嘉編著 120元
49. 如何選擇理想妻子 荒谷慈著 110元
50. 如何選擇理想丈夫 荒谷慈著 110元
51. 中國食與性的智慧 根本光人著 150元
52. 開運法話 陳宏男譯 100元
53. 禪語經典＜上＞ 平田精耕著 150元
54. 禪語經典＜下＞ 平田精耕著 150元
55. 手掌按摩健康法 鐘文訓譯 180元
56. 腳底按摩健康法 鐘文訓譯 180元
57. 仙道運氣健身法 李玉瓊譯 150元
58. 健心、健體呼吸法 蕭京凌譯 120元
59. 自彊術入門 蕭京凌譯 120元
60. 指技入門 增田豐著 160元
61. 下半身鍛鍊法 增田豐著 180元
62. 表象式學舞法 黃靜香編譯 180元
63. 圖解家庭瑜伽 鐘文訓譯 130元
64. 食物治療寶典 黃靜香編譯 130元
65. 智障兒保育入門 楊鴻儒譯 130元
66. 自閉兒童指導入門 楊鴻儒譯 180元
67. 乳癌發現與治療 黃靜香譯 130元
68. 盆栽培養與欣賞 廖啟新編譯 180元
69. 世界手語入門 蕭京凌編譯 180元
70. 賽馬必勝法 李錦雀編譯 200元
71. 中藥健康粥 蕭京凌編譯 120元
72. 健康食品指南 劉文珊編譯 130元
73. 健康長壽飲食法 鐘文訓編譯 150元
74. 夜生活規則 增田豐著 160元
75. 自製家庭食品 鐘文訓編譯 200元
76. 仙道帝王招財術 廖玉山譯 130元
77.「氣」的蓄財術 劉名揚譯 130元
78. 佛教健康法入門 劉名揚譯 130元

79. 男女健康醫學	郭汝蘭譯	150 元
80. 成功的果樹培育法	張煌編譯	130 元
81. 實用家庭菜園	孔翔儀編譯	130 元
82. 氣與中國飲食法	柯素娥編譯	130 元
83. 世界生活趣譚	林其英著	160 元
84. 胎教二八〇天	鄭淑美譯	220 元
85. 酒自己動手釀	柯素娥編著	160 元
86. 自己動「手」健康法	劉雪卿譯	160 元
87. 香味活用法	森田洋子著	160 元
88. 寰宇趣聞搜奇	林其英著	200 元
89. 手指回旋健康法	栗田昌裕著	200 元
90. 家庭巧妙收藏	蘇秀玉譯	200 元
91. 餐桌禮儀入門	風間璋子著	200 元
92. 住宅設計要訣	吉田春美著	200 元

・命 理 與 預 言・電腦編號 06

1. 12 星座算命術	訪星珠著	200 元
2. 中國式面相學入門	蕭京凌編著	180 元
3. 圖解命運學	陸明編著	200 元
4. 中國秘傳面相術	陳炳崑編著	180 元
5. 13 星座占星術	馬克・矢崎著	200 元
6. 命名彙典	水雲居士編著	180 元
7. 簡明紫微斗術命運學	唐龍編著	220 元
8. 住宅風水吉凶判斷法	琪輝編譯	180 元
9. 鬼谷算命秘術	鬼谷子著	200 元
10. 密教開運咒法	中岡俊哉著	250 元
11. 女性星魂術	岩滿羅門著	200 元
12. 簡明四柱推命學	呂昌釧編著	230 元
13. 手相鑑定奧秘	高山東明著	200 元
14. 簡易精確手相	高山東明著	200 元
15. 13 星座戀愛占卜	彤雲編譯組	200 元
16. 女巫的咒法	柯素娥譯	230 元
17. 六星命運占卜學	馬文莉編著	230 元
18. 簡明易占學	黃曉崧編著	230 元
19. A血型與十二生肖	鄒雲英編譯	90 元
20. B血型與十二生肖	鄒雲英編譯	90 元
21. O血型與十二生肖	鄒雲英編譯	100 元
22. AB血型與十二生肖	鄒雲英編譯	90 元
23. 筆跡占卜學	周子敬著	220 元
24. 神秘消失的人類	林達中譯	80 元
25. 世界之謎與怪談	陳炳崑譯	80 元
26. 符咒術入門	柳玉山人編	150 元
27. 神奇的白符咒	柳玉山人編	160 元

28. 神奇的紫符咒	柳玉山人編	200 元
29. 秘咒魔法開運術	吳慧鈴編譯	180 元
30. 諾米空秘咒法	馬克・矢崎編著	220 元
31. 改變命運的手相術	鐘文訓著	120 元
32. 黃帝手相占術	鮑黎明著	230 元
33. 惡魔的咒法	杜美芳譯	230 元
34. 腳相開運術	王瑞禎譯	130 元
35. 面相開運術	許麗玲譯	150 元
36. 房屋風水與運勢	邱震睿編譯	200 元
37. 商店風水與運勢	邱震睿編譯	200 元
38. 諸葛流天文遁甲	巫立華譯	150 元
39. 聖帝五龍占術	廖玉山譯	180 元
40. 萬能神算	張助馨編著	120 元
41. 神祕的前世占卜	劉名揚譯	150 元
42. 諸葛流奇門遁甲	巫立華譯	150 元
43. 諸葛流四柱推命	巫立華譯	180 元
44. 室內擺設創好運	小林祥晃著	200 元
45. 室內裝潢開運法	小林祥晃著	230 元
46. 新・大開運吉方位	小林祥晃著	200 元
47. 風水的奧義	小林祥晃著	200 元
48. 開運風水收藏術	小林祥晃著	200 元
49. 商場開運風水術	小林祥晃著	200 元
50. 骰子開運易占	立野清隆著	250 元
51. 四柱推命愛情運	李芳黛譯	220 元
52. 風水開運飲食法	小林祥晃著	200 元
53. 最新簡易手相	小林八重子著	220 元
54. 最新占術大全	高平鳴海著	300 元
55. 庭園開運風水	小林祥晃著	220 元
56. 人際關係風水術	小林祥晃著	220 元

・教 養 特 輯・電腦編號 07

1. 管教子女絕招	多湖輝著	70 元
5. 如何教育幼兒	林振輝譯	80 元
7. 關心孩子的眼睛	陸明編	70 元
8. 如何生育優秀下一代	邱夢蕾編著	100 元
10. 現代育兒指南	劉華亭編譯	90 元
12. 如何培養自立的下一代	黃靜香編譯	80 元
14. 教養孩子的母親暗示法	多湖輝編譯	90 元
15. 奇蹟教養法	鐘文訓編譯	90 元
16. 慈父嚴母的時代	多湖輝著	90 元
17. 如何發現問題兒童的才智	林慶旺譯	100 元
18. 再見！夜尿症	黃靜香編譯	90 元
19. 育兒新智慧	黃靜編譯	90 元

20. 長子培育術	劉華亭編譯	80 元
21. 親子運動遊戲	蕭京凌編譯	90 元
22. 一分鐘刺激會話法	鐘文訓編著	90 元
23. 啟發孩子讀書的興趣	李玉瓊編著	100 元
24. 如何使孩子更聰明	黃靜編著	100 元
25. ３・４歲育兒寶典	黃靜香編譯	100 元
26. 一對一教育法	林振輝編譯	100 元
27. 母親的七大過失	鐘文訓編譯	100 元
28. 幼兒才能開發測驗	蕭京凌編譯	100 元
29. 教養孩子的智慧之眼	黃靜香編譯	100 元
30. 如何創造天才兒童	林振輝編譯	90 元
31. 如何使孩子數學滿點	林明嬋編著	100 元

・消遣特輯・電腦編號 08

1. 小動物飼養秘訣	徐道政譯	120 元
2. 狗的飼養與訓練	張文志譯	130 元
4. 鴿的飼養與訓練	林振輝譯	120 元
5. 金魚飼養法	鐘文訓編譯	130 元
6. 熱帶魚飼養法	鐘文訓編譯	180 元
8. 妙事多多	金家驊編譯	80 元
9. 有趣的性知識	蘇燕謀編譯	100 元
11. 100 種小鳥養育法	譚繼山編譯	200 元
13. 遊戲與餘興節目	廖松濤編著	100 元
16. 世界怪動物之謎	王家成譯	90 元
17. 有趣智商測驗	譚繼山譯	120 元
19. 絕妙電話遊戲	開心俱樂部著	80 元
20. 透視超能力	廖玉山譯	90 元
21. 戶外登山野營	劉青篁編譯	90 元
24. 巴士旅行遊戲	陳羲編著	110 元
25. 快樂的生活常識	林泰彥編著	90 元
26. 室內室外遊戲	蕭京凌編著	110 元
27. 神奇的火柴棒測驗術	廖玉山編著	100 元
28. 醫學趣味問答	陸明編譯	90 元
29. 樸克牌單人遊戲	周蓮芬編譯	130 元
30. 靈驗樸克牌占卜	周蓮芬編譯	120 元
32. 性趣無窮	蕭京凌編譯	110 元
33. 歡樂遊戲手冊	張汝明編譯	100 元
34. 美國技藝大全	程玫立編譯	100 元
35. 聚會即興表演	高育強編譯	90 元
36. 恐怖幽默	幽默選集編輯組	120 元
44. 藝術家幽默	幽默選集編輯組	100 元
45. 旅遊幽默	幽默選集編輯組	100 元
46. 投機幽默	幽默選集編輯組	100 元

48. 青春幽默	幽默選集編輯組	100 元
49. 焦點幽默	幽默選集編輯組	100 元
50. 政治幽默	幽默選集編輯組	130 元
51. 美國式幽默	幽默選集編輯組	130 元

・語 文 特 輯・電腦編號 09

1. 日本話 1000 句速成	王復華編著	60 元
2. 美國話 1000 句速成	吳銘編著	60 元
3. 美國話 1000 句速成　附卡帶		220 元
4. 日本話 1000 句速成　附卡帶		220 元
5. 簡明日本話速成	陳炳崑編著	90 元
6. 常用英語會話	林雅倩編譯	150 元
7. 日常生活英語會話	杜秀卿編譯	150 元
8. 海外旅行英語會話	杜秀卿編譯	150 元
20. 學會美式俚語會話	王嘉明著	220 元
21. 虛擬實境英語速成	王嘉明著	180 元

・武 術 特 輯・電腦編號 10

1. 陳式太極拳入門	馮志強編著	180 元
2. 武式太極拳	郝少如編著	150 元
3. 練功十八法入門	蕭京凌編著	120 元
4. 教門長拳	蕭京凌編著	150 元
5. 跆拳道	蕭京凌編譯	180 元
6. 正傳合氣道	程曉鈴譯	200 元
7. 圖解雙節棍	陳銘遠著	150 元
8. 格鬥空手道	鄭旭旭編著	180 元
9. 實用跆拳道	陳國榮編著	200 元
10. 武術初學指南	李文英、解守德編著	250 元
11. 泰國拳	陳國榮著	180 元
12. 中國式摔跤	黃　斌編著	180 元
13. 太極劍入門	李德印編著	180 元
14. 太極拳運動	運動司編	250 元
15. 太極拳譜	清・王宗岳等著	280 元
16. 散手初學	冷　峰編著	180 元
17. 南拳	朱瑞琪編著	180 元
18. 吳式太極劍	王培生著	200 元
19. 太極拳健身和技擊	王培生著	250 元
20. 秘傳武當八卦掌	狄兆龍著	250 元
21. 太極拳論譚	沈　壽著	250 元
22. 陳式太極拳技擊法	馬　虹著	250 元
23. 二十四式/三十二式太極拳/劍	闞桂香著	180 元

24. 楊式秘傳 129 式太極長拳	張楚全著	250 元
25. 楊式太極拳架詳解	林炳堯著	250 元
26. 華佗五禽劍	劉時榮著	180 元

・趣味益智百科・電腦編號 11

2. 神奇魔術入門	陳炳崑譯	70 元
3. 智商 180 訓練金頭腦	徐道政譯	90 元
4. 趣味遊戲 107 入門	徐道政譯	60 元
5. 漫畫入門	張芳明譯	70 元
6. 氣象觀測入門	陳炳崑譯	50 元
7. 圖解游泳入門	黃慶篤譯	80 元
9. 少女派對入門	陳昱仁譯	70 元
10. 簡易勞作入門	陳昱仁譯	70 元
11. 手製玩具入門	趣味百科編譯組	80 元
12. 圖解遊戲百科	趣味百科編譯組	70 元
15. 快樂的勞作一走	趣味百科編譯組	70 元
16. 快樂的勞作—動	趣味百科編譯組	70 元
17. 快樂的勞作—飛	趣味百科編譯組	70 元
18. 不可思議的恐龍	趣味百科編譯組	70 元
19. 不可思議的化石	趣味百科編譯組	70 元
21. 愛與幸福占星術	趣味百科編譯組	70 元

・文 學 叢 書・電腦編號 50

1. 寄給異鄉的女孩	陳長慶著	180 元
2. 螢	陳長慶著	180 元
3. 再見海南島、海南島再見	陳長慶著	180 元
4. 失去的春天	陳長慶著	250 元
5. 秋蓮	陳長慶著	200 元
6. 同賞窗外風和雨	陳長慶著	200 元
7. 陳長慶作品評論集	艾翎主編	220 元

國家圖書館出版品預行編目資料

簡明四柱推命學／呂昌釧編著，－初版－臺北市，
大展，民 88
面；　公分－（命理與預言；12）

ISBN 957-557-910-0（平裝）
1. 命書
293.1　　　　88002683

ISBN 957-557-910-0

簡明四柱推命學

編著者／呂　昌　釧
發行人／蔡　森　明
出版者／大展出版社有限公司
社　址／台北市北投區（石牌）致遠一路二段12巷1號
電　話／(02) 28236031・28236033
傳　眞／(02) 28272069
郵政劃撥／0166955－1
登記證／局版臺業字第2171號
承印者／國順圖書印刷公司
裝　訂／嶸興裝訂有限公司
排版者／千兵企業有限公司
電　話／(02) 28812643
初版1刷／1999年（民88年）5月

定　價／230元

大展好書 好書大展

大展好書 好書大展